Gardienne de la paix
et de la révolte

Linda Kebbab

Gardienne de la paix et de la révolte

Stock

Couverture : Le Petit Atelier

ISBN : 978-2-234-09002-6

Aux policiers qui, à bout de bras, empoignent l'amour de leur métier malgré les critiques extérieures et les obstacles internes.

À ceux qui nous ont quittés, pour qui la détresse était trop forte et que la grande maison n'est pas parvenue à apaiser.

À mes parents, sans instruction scolaire mais d'une si grande intelligence, qui m'ont appris que rien sur Terre ne méritait d'être détourné de ses valeurs, convictions et engagements pour une société plus juste et apaisée. Leurs paroles résonnent derrière chacun de mes mots.

Avant-propos

Garder : veiller, protéger. Faire rempart.

Garder la paix : chaque jour, endosser son uniforme pour tenter de colmater les brèches par lesquelles s'immiscent la violence et l'injustice.

Gardienne de la paix : oui, c'est mon métier ! Et plus encore, ma fierté. Même si la paix, à vrai dire, je ne l'ai pas beaucoup croisée tout au long de ma carrière. J'ai écumé cités et banlieues pavillonnaires, j'ai côtoyé la misère sociale, écouté la détresse et la colère, absorbé le mal-être de nos concitoyens jusqu'à, parfois, en avoir mal aux tripes. Tout ça, je l'ai vécu intensément chaque fois que je sortais en patrouille. À l'extérieur, donc. Avec force, je l'ai ressenti également « à l'intérieur » : quand se confiaient à moi des collègues, dans l'intimité de nos voitures de police déglinguées ou au détour d'un couloir décrépi et puant. Les flics sont des Français comme les autres : mêmes problèmes et mêmes causes.

Alors un jour, j'ai choisi de défendre mon institution. Non pas face aux Français, bien au contraire. Mais plutôt face à l'hypocrisie de notre hiérarchie et aux manipulations de nos politiques qui, parfois sans hésiter, se retranchent derrière nous. J'ai choisi de dire tout haut ce que notre devoir de réserve devrait, selon nos chefs, nous contraindre à penser tout bas. Je suis donc devenue déléguée à temps plein à Unité SGP Police – Force ouvrière, premier syndicat de la Police nationale depuis 2018.

Et de cela aussi, je suis fière.

Ce livre est dans la continuité de ce pour quoi je me bats au quotidien : améliorer la qualité de vie professionnelle de mes collègues, si dégradée ; défendre le seul outil qui vaille, l'humain ; dénoncer les aberrations managériales qui jettent notre police dans le tambour de machines à laver hystériques ; la préserver de nos bureaucraties et de nos hiérarchies ; expliquer les dysfonctionnements qui l'écrasent sous le poids de l'omerta ; déjouer les tours de passe-passe qui l'instrumentalisent comme un outil politique. Et, par-dessus tout, refuser de taire les incohérences dans lesquelles l'ont jetée nos divers gouvernements et qui la mettent en danger, utilisée comme elle l'est aujourd'hui sans le moindre bon sens, exposée à une colère populaire dont elle n'est pourtant pas responsable… et qu'elle partage bien souvent.

Et si, entre les lignes, j'aborde mon parcours personnel, c'est parce qu'il illustre, me semble-t-il, ce qui me fonde : la détestation des préjugés. Mon histoire fait que je n'entre pas dans les cases. Et personne ne m'y fera jamais entrer. J'ai trente-neuf ans, je suis une femme, à l'aise avec ma féminité, fille d'immigrés et plutôt d'une sensibilité sociale. Aux antipodes, donc, du cliché du flic rustre, bedonnant et facho ! C'est pourquoi, à l'heure où les Français se méfient tant de leur police, je veux clamer qu'il est possible de sortir de nos schémas tout faits, de nos pensées conditionnées, de nos certitudes. Je veux casser les préjugés qui nous séparent : les flics, eux aussi, sont le peuple. Et non pas le bras armé de nos gouvernements. Et si leur mission est de défendre nos institutions, c'est parce que ces dernières appartiennent à tous et doivent impérativement être préservées.

C'est cela que j'aimerais faire comprendre. Pour que nous soyons tous, chacun à notre niveau, des gardiens de la paix et de la révolte. Pour lutter ensemble contre les haines, d'où qu'elles viennent.

Gilets jaunes, acte I

Nous sommes à la fin de l'automne 2018. Au tout début du mouvement des gilets jaunes, qui va retourner la France et la mettre sens dessus dessous. Totalement, sans la moindre réserve, mon cœur et ma raison sont en résonance avec leurs revendications. Délaissement des classes populaires et moyennes, baisse du pouvoir d'achat, surdité du gouvernement (en particulier) et des politiques de tous bords (en général) : comment dire à quel point je partage le ras-le-bol national qui commence à enfler sur les réseaux sociaux ?

« On aura ta peau, sale pute », « Elle mérite un lynchage, celle-là ! », « Envie de te voir crever en direct, la Kebbab »… Insultes ordurières, menaces de viol et de meurtre courant à mon encontre sur la Toile, mon nom tagué et raillé sur les murs, et puis cette agression dont je vais faire l'objet pendant une sortie familiale... : je ne connais pas encore, en ce mois de novembre 2018, le déferlement de haine dont je vais être la cible quelques semaines plus tard. Cible toute désignée simplement parce que je suis flic ; parce que, face à mes autorités et mon administration, sur les réseaux sociaux et devant les médias, je défends mes collègues. Et parce que ce sont eux, et non les politiques, qui se retrouvent sur le terrain lors des interventions et des manifestations.

Pourtant, je l'affirme haut et fort : je me retrouve pleinement, alors, dans les revendications de cette grande vague protestataire. En tant que citoyenne, avant tout. Et comme syndicaliste, forcément. À ce moment-là... et aujourd'hui encore.

Début novembre 2018. Grand meeting d'Unité SGP Police au palais des Congrès de Montreuil. Mon « patron », Yves Lefebvre, secrétaire général, prend la parole. Et propose, pour le samedi 17 novembre, une journée zéro contravention. Applaudissements à tout rompre de nos adhérents et sympathisants : gardiens de la paix (dont les CRS), adjoints de sécurité, policiers scientifiques... Ça résonne de partout sous le grand hall. Je suis là, bien sûr : j'occupe le poste de déléguée nationale à temps plein. Et je suis tout aussi enthousiaste que mes collègues. Le 17, dans dix jours, les gilets jaunes prévoient d'occuper les ronds-points de France et je suis heureuse que mon syndicat trouve pleinement légitime de s'associer à ce mouvement populaire. Non pas en appelant les policiers à faire grève, évidemment, puisqu'une loi de 1948 le leur interdit. Mais en refusant, le temps d'une journée, de dresser des PV pour des infractions mineures ne mettant pas en danger l'intégrité physique des personnes, comme par exemple le stationnement. Une façon de faire converger les revendications des gilets jaunes avec celles des salariés que nous sommes.

Car Unité SGP Police, c'est le syndicat des « ouvriers » de la police, pas celui des hauts gradés. Nous aussi faisons partie de la classe moyenne. Nous aussi souffrons des conséquences de mesures gouvernementales qui, au fil des décennies, ont fini par laisser les plus fragiles d'entre nous sur le bas-côté. Nous aussi sommes impactés par la baisse du pouvoir d'achat, obligés d'habiter de plus en plus loin de nos lieux de travail, et donc contraints de laisser une partie de notre paie dans nos pleins de carburant et aux caisses des péages. Nous aussi, sous nos uniformes bleu marine, sommes en quelque sorte des gilets jaunes.

Ce jour-là, mes collègues saluent donc avec enthousiasme la proposition d'Yves Lefebvre.

Avec joie et détermination, je poste à 14 h 11 un tweet sur cet appel à la journée zéro PV : « Derrière chaque policier, il y a un citoyen. Nous devons soutenir l'action du 17 novembre 2018. » Ça n'a pas tardé : quelques minutes plus tard, Yves Lefebvre reçoit un message d'Éric Morvan, DGPN[1] de l'époque, lequel est à la tête de notre chère administration et organise la Police nationale, sous l'égide du ministère de l'Intérieur. Une administration qui ne voit sans doute pas d'un très bon œil une initiative pouvant potentiellement rapprocher « ouvriers » de la police et gilets jaunes. Dans notre pays, nous sommes cent quinze mille gardiens de la paix, dont les CRS et les adjoints à la sécurité. Quarante-cinq mille adhèrent chez nous. Un nombre qui n'arrangerait guère les affaires du gouvernement s'il devait s'additionner à tous les mécontents de France et de Navarre. En tout cas, le message du DGPN est menaçant : on nous reproche clairement cet appel au zéro PV. Parfait ! Si le DGPN est contre, c'est que notre proposition est pertinente et juste. Nous persistons et signons.

Que nos autorités ne nous soutiennent pas, question d'habitude, dirais-je : à Unité SGP Police, nous défendons les corps dit « inférieurs »,

1. DGPN : Directeur général de la Police nationale.

issus des catégories B et C. Autant dire que nous pâtissons depuis toujours d'une forme de mépris de la part de notre administration. Laquelle favorise largement Alliance, dont les adhérents sont en partie des cadres supérieurs de la catégorie A : les hauts gradés. Je n'ai évidemment rien contre ces derniers. La hiérarchisation et la présence de ces officiers, commissaires, inspecteurs et contrôleurs généraux sont indispensables. Ce fonctionnement huile la machine, du corps qui dirige à celui qui applique les instructions. L'ordre y est une déclinaison de la loi et du choix parlementaire. Et donc du peuple.

Mais il faut savoir qu'Alliance est une organisation issue d'une fédération créée par des hauts fonctionnaires de la Police nationale. Même si, par le jeu des scissions et des fusions, ces derniers n'en font plus partie, ils continuent d'influencer les prises de position des secrétaires généraux actuels. Lesquels sont connus pour ne pas s'opposer aux décisions de nos autorités administratives ou politiques. Pour preuve, ils signent les uns après les autres des protocoles régressifs pour nos acquis sociaux. Cette organisation, qualifiée de libérale, est donc favorable à la flexibilité des ressources humaines. Ce n'est pas ma vision du syndicalisme qui, s'il ne doit pas se caricaturer dans la contestation permanente, se doit d'opposer des idées progressistes pour l'humain face aux mesures économiques et technocratiques.

Qu'Alliance soit l'interlocuteur privilégié de la DGPN[1], c'est vraiment dommage. Un jeu auquel, malheureusement, je me suis adaptée au fil des années. En revanche, il y a une chose à laquelle je refuse de m'habituer. Et que j'exècre par-dessus tout : la syndicratie. Ce système abject qui, au sein même de nos organisations syndicales, fait passer les intérêts d'une poignée de militants au détriment de ceux que nous défendons : les flics. Et au moment de l'acte I des gilets jaunes, le spectre de la syndicratie revient jeter son ombre sur nos intentions les plus sincères.

En effet, quelques jours après le meeting de Montreuil, Alliance raille notre appel « Zéro PV » et sème la peur dans les rangs des collègues. On leur assène qu'ils risquent des sanctions s'ils adoptent cette journée sans contravention, on les exhorte à ne pas la suivre. Pis : les délégués d'Alliance sont chargés de verbaliser deux fois plus que d'ordinaire, pour contrebalancer l'éventuel manque à gagner que nous pourrions provoquer. Pourquoi donc ne pas faire corps tous ensemble avec les intérêts citoyens, police

1. DGPN : Direction générale de la Police nationale.

ou non, catégorie X, Y ou Z ? Syndicratie ! Pourquoi une telle attitude, alors que quelques mois plus tard Alliance lancera à son tour une journée zéro contravention, initiative porteuse de sanctions en novembre... mais pas en juin ? Syndicratie...

Car nous sommes à quelques semaines des élections professionnelles, prévues le 30 novembre. Élections qui vont permettre de choisir des délégués au sein des différents syndicats de la Police nationale. Alliance est alors majoritaire, Unité SGP Police est challengeur. S'agit-il de saboter notre initiative, uniquement pour des raisons électorales ?

Il y avait pourtant là une formidable opportunité de restaurer le lien entre police et population. Mais elle a été foulée au pied pour des raisons stupidement clientélistes. Quel dommage et quelle honte : les semaines qui vont suivre montreront à quel point le fossé va se creuser de façon dramatique entre les flics et les Français.

Mais n'anticipons pas. Les élections professionnelles ne sont pas encore là, et voici qu'arrive le 17 novembre, acte I du mouvement des gilets jaunes.

Ce matin-là, et malgré la journée « Zéro PV » qui aura donc malheureusement eu un succès mitigé, j'espère avec force que les choses vont pouvoir changer dans le bon sens. Que le mouvement sera mené avec intelligence : c'est la seule façon pour lui de réussir. Et pour cela, il devra se faire, j'en ai la certitude, de manière massive : avec l'ensemble de la classe moyenne française. Je reste branchée sur les remontées d'informations qui me proviennent des policiers sur le terrain, je regarde les actualités en continu.

Et la vue des pneus brûlés sur les ronds-points réveille certains de mes souvenirs. À travers l'écran de télévision, je pourrais presque sentir leur odeur. Une odeur que je connais déjà…

Enfance, acte I

Nous sommes en 1990. Dehors, un pneu vient d'éclater. J'ai neuf ans. Je regarde mes deux frères en souriant, nous tenons notre petite comptabilité avec beaucoup d'application : ça doit faire la quatrième détonation depuis cet après-midi... « Mais non, la cinquième, je te dis ! » Nous ne pouvons pas nous empêcher d'attendre la suivante, en palabrant et en attendant le dîner, serrés les uns contre les autres sur le canapé devant la télévision allumée. Une légère odeur de brûlé me chatouille les narines. Mais elle ne vient pas de la cuisine où s'active ma mère.

Car en ce début d'octobre 1990, les émeutes de Vaulx-en-Velin, dans la banlieue de Lyon, battent leur plein. Là, presque sous nos fenêtres, au troisième étage de notre HLM. C'est en effet dans notre quartier que le 6 de ce mois-là un scooter a été percuté par une voiture de police.

Le conducteur du deux-roues s'en est sorti, mais pas son passager : Thomas Claudio, un jeune d'une vingtaine d'années, qui meurt peu après l'accident. « Policiers assassins ! » : l'accusation résonne entre les barres HLM, son écho enfle jusqu'au soir. Jusqu'à ce que les jeunes s'insurgent et sortent en bandes à la nuit tombée, persuadés que leurs deux amis ont été volontairement percutés. Magasins détruits, centres de loisirs pillés, jets de pierres et voitures brûlées. Les forces de l'ordre interviennent en masse, l'affaire s'étend sur plusieurs jours et devient nationale, les caméras sont partout pour filmer cette « guérilla urbaine », comme ils disent à la télé.

C'est drôle : parfois, si on sait les lire *a posteriori*, certains évènements de la vie d'une enfant parlent de l'adulte qu'elle deviendra. Me voici serrée contre mes frères (je suis la seule fille de la fratrie), sans savoir que notre proximité et nos chicanes fort argumentées vont faire de moi, dans quelques années, une femme particulièrement à l'aise dans les milieux masculins, ne craignant pas de ferrailler dans l'une de leurs disciplines favorites : la joute oratoire ! Sur l'écran de notre vieille télévision, un journaliste nous explique que le brigadier ayant provoqué la mort du jeune Claudio est inculpé pour homicide involontaire. La petite fille écoute l'information d'une oreille distraite et ne se doute pas que, trente ans plus tard, elle défendra des flics qui, comme celui-ci, ploieront sous le feu d'accusations ayant le pouvoir de les laminer psychologiquement, ajoutant un drame à un autre drame. Elle n'imagine pas non plus qu'elle se battra bec et ongles, non pas pour excuser leurs gestes tragiques, mais pour comprendre les faits en essayant de les dégager de leur gangue de subjectivité. Exactement comme ce professeur à l'école, qui, au lendemain des émeutes de Vaulx-en-Velin, prend du temps pour en parler avec nous. Je l'écoute attentivement et je me rends compte qu'il explique les faits, rien que les faits. Il n'incrimine pas le jeune homme malheureusement décédé, il ne suppose pas que ce dernier connaissait la provenance trouble de son scooter, il ne sous-entend pas une volonté meurtrière du policier l'ayant renversé. Il ne donne pas son avis, il n'ajoute pas à cette tragédie des croyances qu'il ne partagera d'ailleurs jamais avec nous. Sa neutralité me fait un cadeau précieux, dont je me rendrai compte bien plus tard : ma liberté de penser.

Nous passons à table, mon père réitère à mes frères qu'il n'est pas question pour eux, évidemment, d'aller rejoindre les petits copains dans les émeutes. À vrai dire, il n'a pas besoin de marteler l'interdiction : chez nous, elle tombe sous le sens. Il ne serait venu à l'idée d'aucun d'entre nous de nous mêler à cette « guérilla ». L'école, les activités sportives et, pour ma part, la bibliothèque, voilà nos seules préoccupations. Ma mère sert le dîner en nous demandant de lui raconter nos cours. Fin de journée ordinaire chez les Kebbab.

Mes parents sont issus de l'immigration, nés en Algérie. Un pays où l'eau et l'électricité courantes sont un luxe lorsqu'ils quittent leur village, tout comme l'accès à la santé et à la scolarité. Ils nous rappellent donc régulièrement notre chance d'être nés en France, cette terre où nous sont accordés les mêmes droits que tout le monde, sans distinction. Née en 1981, je suis fière et reconnaissante d'être une enfant de Mitterrand, comme on nous appelait à l'époque : une gosse de la Sécurité sociale, de l'école gratuite et de la politique familiale. Avec, très tôt, cette conscience vive que des millions d'autres petites filles dans le monde sont, contrairement à moi, déscolarisées et privées de loisirs. Alors, je considère à l'époque comme un privilège que de devoir me lever de mon canapé pour aller changer le canal d'un poste de télévision trop vieux pour avoir sa propre télécommande...

Mon père part très tôt le matin, il est éboueur. Du haut de mes neuf ans, je le respecte parce que je suis consciente qu'il fait un métier d'utilité publique. Être *d'utilité publique*, j'aime déjà cette expression ! Et je l'aimerai toute ma vie... Il est fort et musclé, mon père, on dit toujours en riant qu'il nous enterrera tous, avec sa santé de fer à toute épreuve. Ma mère, elle, ne travaille pas, comme tant d'autres femmes de sa condition. Mais elle fait activement du bénévolat dans une association qui s'occupe de femmes en difficulté : autrement dit, elle aussi apporte sa pierre à l'édifice de *l'utilité publique*. Elle y met tout son cœur et son énergie, presque autant que dans la tenue de son foyer, ce qui n'est pas peu dire ! Elle est fière, maman, elle tient donc à ce que sa petite tribu ait le sentiment de vivre dans un logement de standing.

Alors elle a aménagé notre quatre-pièces avec attention, selon ses goûts… et nos moyens : papiers peints kitchissimes, meubles de cuisine en Formica, napperons de dentelle, fauteuils en cuir durement acquis, lits superposés, tapis faussement persans en synthétique... Un chez-nous bien français et bien ordinaire, où je me sens en sécurité. Dehors, les stupéfiants gangrènent la vie des jeunes de mon quartier ; mais dedans, mon père et ma mère, attachés comme ils le sont à la vertu et à la morale, sans pourtant y mêler une quelconque imprégnation religieuse, nous font comprendre que la pauvreté n'oblige pas à la délinquance. Ils n'ont pas besoin de faire de grandes phrases, leur comportement est un enseignement et se suffit à lui-même.

C'est donc ici, dans la simplicité chaleureuse de ces quatre murs, que j'apprends à aimer ce que je reçois ; mais aussi à aller chercher ce que l'absence d'une bonne naissance ne me permet pas d'avoir. Et ça, je le trouve essentiellement dans les livres que j'emprunte à la bibliothèque municipale et que je dévore. Zola, déjà. Les Rougon-Macquart… J'aime les mots.

Je les aime tellement, ces mots, que ma mère a tiré des plans sur la comète : « Toi, ma fille, je te verrais bien devenir… avocate ! », dit-elle le plus sérieusement du monde. À chaque fois qu'elle en parle, mon père ne dit rien, mais ébauche un sourire. Je le sais, il est fier de moi. Mes deux parents sont analphabètes. Et pourtant, à aucun moment, ni l'un ni l'autre n'ont évoqué, devant mes frères ou moi-même, l'existence d'un quelconque plafond de verre. Je suis bonne élève, aussi jamais ils ne me découragent sur les études que j'ai l'intention de mener : chez nous, pas de fatalisme. Juste l'idée qu'il faut travailler, voire fournir deux fois plus d'efforts que les autres si le destin ne nous a pas placés au bon endroit.

Avocate ? Non, moi j'ai déjà ma petite idée : je serai journaliste ! Mais pas n'importe où. Je veux aller chercher et déterrer la vérité là où elle est enfouie sous les gravats de la subjectivité, là où *l'intérêt public* n'est pas une idée philosophique mais une urgence vitale et concrète : moi, je travaillerai sur les zones de conflit.

Je serai reporter de guerre.

Gilets jaunes, l'escalade

Des mains arrachées. Des visages défigurés, des yeux défoncés. Du sang et de la haine. Décembre 2018, plus rien n'est sous contrôle : le mouvement des gilets jaunes dérape. Et des scènes de guerre s'affichent à la une de nos journaux.

La journée du 17 novembre s'est pourtant relativement bien passée. Je suis alors en contact permanent avec mes collègues, ils me font un retour du terrain plutôt positif. Il y a bien entendu des échauffourées ici et là, principalement dans des bastions traditionnellement extrémistes ou dans des zones criminogènes où la colère pourrit depuis trop longtemps. Mais globalement, les actions en dehors de Paris sont plutôt bon enfant. Sur les ronds-points, les gilets jaunes échangent avec les forces de l'ordre et distribuent des tracts aux automobilistes, ralentissant la circulation sans toutefois la bloquer systématiquement.

Mais ce jour-là, je frémis tout de même en découvrant qu'en Savoie une manifestante a été renversée par une voiture qui a voulu forcer un barrage. Ou en apprenant que certains s'en sont pris à des automobilistes refusant de porter un gilet jaune. Je la connais, la violence, je la sens poindre sous ces évènements en marge des manifestations du 17 novembre : ses ravages, je les ai vus, parfois subis, lorsque j'étais sur le terrain avec ma brigade, avant de m'engager à temps plein à Unité SGP Police. Mon syndicat lance donc immédiatement l'alerte, via les réseaux sociaux ou lors d'interventions médiatiques. Nous encourageons les manifestants qui, en grande majorité, n'ont pas l'expérience des mouvements sociaux, à écarter les plus virulents d'entre eux, à refuser de se lier avec ceux qui sont en train de se saisir de ce mouvement pour alimenter leur propre idéologie politique, black blocs et extrémistes en tous genres.

Mais les gilets jaunes ont peur de se retrouver en sous-nombre et donc de ne pas être entendus. En quelque sorte, et même si je n'approuve pas les méthodes brutales qu'ils adoptent progressivement, je les comprends : nos gouvernements successifs font la sourde oreille aux revendications exprimées dans le calme, ils laissent le policier et le gendarme seuls face à un problème dont les causes sont pourtant éminemment économiques et sociales, ils bafouent les corps intermédiaires comme ces derniers ne l'ont jamais été. Le dialogue social a été détruit : depuis trois quinquennats, les échanges constructifs et argumentés ont laissé place à un rapport de force agressif. Et l'exécutif sous la présidence Macron est pire que les autres. « Vous, les syndicats, vous n'avez rien obtenu en étant pacifiques. Alors, pourquoi nous, on le serait, si on veut être entendus ? », répondent des gilets jaunes à mes collègues qui, au début du mouvement, les préviennent des méfaits d'une escalade de la violence. Notre appel à une mobilisation pacifique ne trouve donc pas d'écho.

Et courant décembre 2018, la France est en pleine révolution. À feu et à sang.

En regardant certaines images désastreuses, je me souviens de notre proposition de journée zéro PV, qui aurait permis aux policiers de se rapprocher des gilets jaunes et donc de pouvoir les alerter sur la montée de la violence. Idée raillée par Alliance. Qui, le 4 décembre 2018, a finalement perdu les élections professionnelles ! Unité SGP Police est alors devenu le syndicat majoritaire. Je me souviens du regard déconfit des représentants de l'administration qui assistaient alors au dépouillement électronique des votes. Ils n'avaient pas imaginé notre victoire et allaient désormais devoir prendre en compte les revendications des « petites mains de la police ».

Je suis l'une de ces petites mains. Un jour, j'ai choisi d'enlever mon uniforme et de quitter le terrain. Non pas parce que je n'aimais pas celui-ci, bien au contraire. Mais parce que, le plus sincèrement du monde, et peut-être fort naïvement, je voulais changer les choses de l'intérieur. Afin que la police des Français, notre police à tous, retrouve la fierté de son métier ; et nos concitoyens, l'estime de cette institution. Aussi suis-je entrée à FO.

Mon travail, c'est d'être au contact quotidien avec mes collègues ; d'écouter leurs doléances ; de faire remonter celles-ci ; de travailler sur des propositions de textes de loi visant à améliorer conditions de travail ou questions de sécurité intérieure ; de réfléchir à une meilleure gestion des ressources humaines ; d'apporter une expertise de terrain et d'analyse sur le fonctionnement de la police... Pour comprendre les besoins, je visite des commissariats et j'échange chaque jour avec des policiers de tous corps et de tous grades. Et je reçois de leur part des centaines de messages par jour, via les réseaux sociaux, par courriel ou téléphone, messages dont j'intègre la teneur. Celle-ci nourrit les actions et les réflexions que nous menons au sein d'Unité SGP Police. Je suis donc une sorte de station météo, je prends la température, je préviens quand tous les signaux qui me parviennent indiquent l'arrivée d'une tempête.

Et des signaux, moi aussi j'en émets, cela fait partie des tâches qui me sont confiées. De celle-là pourtant, je me passerais bien : aller sur les plateaux télé. C'est pourtant un moyen comme un autre de défendre les collègues. « Toi, ma fille, je te verrais bien devenir… avocate ! » Non, moi je voulais être journaliste. Et quand certains se réclament de ce métier que je respecte depuis toujours, quand ils alimentent la fracture entre flics et Français, alors c'est mon cœur qui, tout à coup, se retrouve dans la tourmente. Devant mes interlocuteurs, je tiens bon la barre, ma raison refuse de se laisser emporter par les vagues, mais encore faut-il pouvoir s'exprimer. Jamais je n'oublierai l'émission de Cyril Hanouna « Balance ton poste » à laquelle j'ai été invitée le 18 janvier 2019. Sous mes yeux et en direct, la guerre. Celle des préjugés qui rendent sourd et qui conduisent à la haine. Le symbole, peut-être, de ce qui se passe dans les rues, au plus fort des manifestations…

Je ne regarde jamais la télévision, je ne connais donc pas cette émission lorsqu'on m'y invite et que j'accepte. Pourquoi refuser ? Je n'ai jamais suivi de média training, je suis juste une petite syndicaliste qui parle avec ses tripes, et mes tripes sont toujours d'accord pour aller défendre des gardiens de la paix ! Par ailleurs, j'ai confiance lorsqu'on me dit qu'il s'agira d'un débat constructif entre gilets jaunes, avocats et policiers. Ce jour-là, nous sommes à la veille de l'acte XI du mouvement, les manifestations se sont succédé et la violence ne cesse de grandir. Je n'ai évidemment pas le pouvoir d'y mettre un terme, mais je voudrais participer à un certain apaisement. Lever les quiproquos.

Le jour de l'enregistrement, j'ai évidemment laissé mon arme au bureau et je passe le portique de sécurité, aux studios de l'émission à Boulogne-Billancourt. Au même moment, un jeune homme déballe son sac : à ma stupéfaction, il en sort des grenades lacrymogènes MP7, des grenades explosives GLI-F4 et des cartouches non percutées du tristement célèbre LBD (lanceur de balles de défense). Être en possession de ces armes est totalement illégal ! Et je le signale immédiatement au chef du staff. Le jeune homme, qui m'a entendue, se retourne vers moi : « Oh toi, ferme ta gueule ! » Ambiance… Qu'on me parle mal, après tout, pourquoi pas : dans un pays où la politesse devient progressivement une valeur obsolète, c'est le quotidien de dizaines de milliers de flics. Mais comment accepter que cette personne soit en possession d'un tel matériel, sans aucun doute pour le sortir sur un plateau suivi en direct et en moyenne par un demi-million de téléspectateurs, particulièrement jeunes d'après ce que l'on m'a dit ? Et où a-t-il déniché ces armes que seul le ministère de l'Intérieur peut fournir ? Je suis abasourdie, indignée, j'essaie de comprendre, de lui parler. « Casse-toi, sale flic », me lance le jeune homme en guise de réponse, sans daigner me regarder dans les yeux. « Je vous le promets, il ne sortira pas ces armes sur le plateau », m'assure le réalisateur de l'émission, soudain très mal à l'aise.

Dans les coulisses, quelques minutes avant le début de l'émission, tous les invités sont rassemblés derrière le grand rideau noir du plateau et font connaissance les uns avec les autres. Nous sommes trois membres ou ex-membres des forces de l'ordre : à mes côtés, Christian Prouteau, fondateur et premier commandant du GIGN ; et Bruno Pomart, ancien membre des CRS et du RAID, très actif dans le rapprochement entre policiers et jeunes des banlieues. Nous saluons d'autres invités, qui nous sont présentés comme avocats de gilets jaunes. Silence : sans la moindre réponse, sans une politesse en retour, nos « bonsoir » s'envolent dans l'air surchauffé des coulisses. Juste des regards froids et haineux. Je sens que la partie sera… spéciale. Qu'elle a déjà été écrite, scénarisée. Sans nous, les flics.

Les caméras démarrent, le direct commence. Et bien entendu, grenades et cartouches sont déballées… C'est confirmé : l'émission est un traquenard ! Le jeune homme qui a apporté ce matériel est porte-parole d'un collectif d'extrême gauche qui demande, ni plus ni moins, le désarmement total de toutes les forces de police en France. Christian Prouteau et Bruno Pomart sont stupéfaits. À aucun moment, ni ces hommes respectables par leur parcours ni moi-même ne pourrons développer pleinement notre point de vue sur les LBD. Ces derniers occupant une grande partie d'un débat qui n'en porte que le nom : je me rends compte que nous sommes dans un pur et vulgaire divertissement. Avec, en guise de chef d'orchestre, un animateur, Cyril Hanouna, qui n'a rien d'un journaliste et qui, avec délectation, remet sans cesse des pièces et des billets dans la machine à haine, histoire que le plateau s'enflamme.

Et bien sûr qu'il va s'enflammer, le plateau, au moment où nous sont présentés des gilets jaunes éborgnés par le LBD ! Que dire face à ces vies brisées ? Je suis effondrée de les voir : humainement, cette situation est inacceptable. « Mais comment en sommes-nous arrivés à un tel échec collectif ? », c'est la question que je ne cesse de me poser. Un échec qui me bouleverse. Je pense à ces femmes et à ces hommes dont le cours du destin a été ravagé, dévié de sa route. Je pense également à mes collègues, nombreux aussi à avoir été mutilés. Mais d'eux, on ne parle jamais, ils ne font pas la une des journaux télé, comme s'ils n'étaient pas des êtres humains, comme s'ils avaient eu ce qu'ils méritaient, eux qui pourtant ne font qu'obéir à des stratégies venues « d'en haut », comme on dit. Eux qui préféreraient nettement, je vous l'assure, rester avec leur famille plutôt que d'aller se prendre des pavés ou de se faire éborgner par des bombes artisanales tous les samedis.

Je n'ai aucunement l'intention de minorer les mutilations subies par les uns en leur opposant celles vécues par les autres, encore moins de comptabiliser les points perdus de chaque côté. Nous ne sommes pas dans une cour de récréation : nous sommes en République. Aussi, sur le plateau de « Balance ton poste » et devant ce désastre qui me désole, je ravale mes larmes. Et, aux gilets jaunes mutilés, je tente de présenter mes excuses pour une situation dont je ne suis évidemment pas responsable : je ne suis, ni de près ni de loin, porte-parole du ministère de l'Intérieur ou de la préfecture de police de Paris. J'essaie d'exprimer ma tristesse, mais on me coupe la parole et il va sans dire que Cyril Hanouna ne me la rend pas. Ce qui l'intéresse, c'est la castagne. Aucunement le fond.

Sur ce plateau, je ne peux donc pas expliquer ceci : mon syndicat clame depuis des jours, et sans être entendu, que le maintien de l'ordre adopté pendant ces manifestations par le préfet de police de Paris, Michel Delpuech, a été catastrophique.

En effet, celui-ci a jugé plus opportun de mettre face à la foule hostile des effectifs de la Sécurité publique, dont ceux de la BAC[1]. Effectifs qui n'ont pourtant pas vocation à gérer les foules de manifestants. Leur quotidien à eux, ce sont les délinquants et le flagrant délit ; leur culture, c'est de se dire que le contact direct est dangereux (il l'est toujours avec des délinquants), et par conséquent de l'éviter à tout prix. Leur job est donc le maintien à distance et

1. BAC : Brigade anticriminalité, qui fait partie de la Sécurité publique.

l'interpellation. Pour ce faire, leur arme est le LBD, qui leur permet de se défendre si nécessaire, dans le cadre d'une décision individuelle face à l'estimation d'un danger immédiat. Le maintien de l'ordre, qui a pour objectif d'assurer la sécurité physique des manifestants, n'est donc pas leur sphère d'action. Ils n'y sont pas spécifiquement formés. Les gilets jaunes ne sont pas des délinquants (en grande majorité), le corps des agents de la BAC n'est donc pas adapté à leurs manifestations. Pas plus que ne le sont leurs LBD.

Aller au contact direct d'une foule hostile, c'est au contraire le rôle d'unités bien spécifiques : gendarmes mobiles et CRS, rejoints à Paris par les compagnies d'intervention de la préfecture de police. Mais au cours des premiers actes du mouvement, ces unités mobiles ont été assignées pour la plupart d'entre elles… à la surveillance des bâtiments, Élysée en tête. « Nous, on n'a pas vu passer un seul gilet jaune ! », me rapportent des CRS. Il manque déjà mille CRS sur l'effectif global, et on a quand même trouvé le moyen de les positionner à des lieux où ils n'étaient pas utiles !

Pourtant, ces corps du maintien de l'ordre ont une résilience particulière, habitués qu'ils sont à dresser un bouclier face à des manifestants, à les laisser pousser et à attendre que ces derniers déchargent ainsi leur colère. Bien placés, ils auraient ainsi refoulé les gilets jaunes jusqu'à épuisement. Certes, il y aurait eu des vidéos, on aurait dit « c'est pas beau à voir », mais l'opération du maintien de l'ordre, ce n'est jamais beau à voir, même quand c'est bien fait. Alors, quand c'est mené en dépit du bon sens...

Et c'est bien en dépit du bon sens que les petites unités de la préfecture de police de Paris et de la Sécurité publique, dont la BAC, ont été jetées au beau milieu de manifestations transformées en émeutes, du fait de la présence d'éléments radicalisés et de professionnels du chaos. Envoyées par grappes, elles s'y sont retrouvées en nombre inférieur à ceux qui les attaquaient. Certains gilets jaunes ont été débordés par leur colère ou ont cédé à la rage et, face à eux, une équipe de trois, cinq ou même dix policiers ne pouvait pas suffire.

Seules des sections de CRS en nombre adéquat seraient parvenues à isoler les personnes violentes de celles qui étaient pacifiques. Elles auraient réussi à contenir les groupes hostiles en saturant l'air de gaz lacrymogènes ; à éteindre les barrages enflammés en envoyant les véhicules blindés de la gendarmerie ; à disséminer les casseurs en utilisant des grenades de dispersion ; et à rétablir l'ordre en effectuant un bond offensif contre les manifestants les plus virulents (« une charge » comme nous l'appelons). Au lieu de cela, les effectifs de la BAC se sont retrouvés isolés sur le terrain. Avec un certain sentiment de vulnérabilité : ils ont dû s'équiper eux-mêmes de protège-tibias et de casques de cyclistes, achetés sur leurs deniers personnels dans des boutiques de sport ! C'est dire à quel point ils ne sont pas prévus sur ce type de manifestations. Parfois mis en danger, ils n'ont eu d'autres moyens pour s'en sortir… que de tirer au LBD. Alors oui, il y a eu sans doute quelques collègues qui ont tiré sans discernement. Mais ils sont loin, très loin, d'être la règle. Contrairement à ce que l'hystérisation des médias et du débat public a bien voulu faire croire aux Français.

Par ailleurs, une autre erreur a été commise. CRS et gendarmes mobiles ont pour objectif la préservation de l'intégrité physique des manifestants, ils ne cherchent donc pas nécessairement à interpeller ceux qui commettent des débordements. Ce n'est pas un impératif dans leur doctrine d'emploi. Si l'arrestation d'un casseur est aisée et ne compromet pas l'action de groupe, alors ils y procèdent. Mais tant pis s'il parvient à fuir.

Le problème, c'est que le préfet de police de Paris a fait le choix de judiciariser le maintien de l'ordre : il a mis la priorité sur l'interpellation des délinquants présents au milieu des manifestants. Il a donc fait compléter les unités de forces mobiles par des détachements d'action venus des commissariats. Lesquels, par nature, ne sont pas habitués à la gestion des foules. Et qui sont venus avec leur LBD en main… Cette stratégie a obligé CRS et gendarmes mobiles à s'adapter en s'éloignant de leur doctrine originelle. Ce choix préfectoral est regrettable. Car le maintien de l'ordre implique d'accepter… un certain désordre. Mais les autorités, sûrement traumatisées par les images de l'Arc de triomphe dévasté le 1er décembre 2018, ont voulu donner le sentiment d'une fermeté sans concessions à l'égard des casseurs. Ils les ont donc confrontés, individu par individu, aux BAC et autres policiers issus des commissariats. Au détriment des règles élémentaires du rétablissement de la paix publique.

Face aux ratés de cette stratégie, ce sont pourtant les comportements individuels qui sont fustigés : les policiers doivent aujourd'hui rendre des comptes devant les tribunaux ou face à l'opinion publique. Les enquêtes permettront d'établir les responsabilités, mais en attendant, les vidéos tournent en boucle sur les réseaux sociaux, relayés par une presse qui jette ces images en pâture sans les remettre dans leur contexte, sans s'interroger sur le bien-fondé des décisions prises au plus haut niveau, sans se tourner vers celui qui est seul responsable du maintien de l'ordre à Paris : le préfet de police. Michel Delpuech jusqu'en mars 2019. Didier Lallement ensuite.

Comment l'un ou l'autre auraient-ils d'ailleurs pu mettre en place les bonnes stratégies dans cette situation de crise inédite ? Ces énarques ne sont pas issus du corps de police, ils ne prennent donc pas de décisions en fonction d'une expérience de flic, puisqu'ils n'en ont pas. Leurs choix sont la plupart du temps budgétaires, économiques. Et politiques. Autrement dit, ils n'agissent pas dans l'intérêt de l'institution qu'ils représentent car ils ne la comprennent pas de l'intérieur : ils ne l'ont pas vécue dans leur chair. Ils ne sont que des intermédiaires entre le politique et les forces de l'ordre. Or, dans cette crise des gilets jaunes, nous les policiers aurions eu besoin à Paris de vrais dirigeants, connaissant parfaitement notre fonctionnement, nos points forts, nos limites.

Notre ministère n'est pas en reste. Pour lui, il a été plus facile de laisser les petites mains de la police porter la responsabilité des blessés parmi les manifestants, ceux que certains ont qualifié de « dégâts collatéraux », plutôt que d'assumer le mauvais emploi des effectifs ; plutôt que de rappeler que le LBD a évité – heureusement – à plusieurs dizaines de mes collègues de sortir leur arme létale alors qu'ils se trouvaient en danger et donc en légitime défense ; mais surtout, plutôt que de laisser éclater une vérité difficile à admettre pour une administration bien trop orgueilleuse : les LBD ne sont pas si précis qu'on le dit.

En effet, les cartouches de LBD fournies à la police sont inadaptées. Elles ont été modifiées au premier trimestre 2019, notamment à Paris. Car les autorités les ont voulues moins percutantes. Bonne intention. Quoique, entre parenthèses, on puisse douter de l'intérêt qu'a eu cette mesure face à des casseurs surprotégés sous leurs vêtements… Mais l'important n'est pas là. Ce changement a surtout provoqué une conséquence technique inattendue pour les effectifs sur le terrain : les nouvelles cartouches ont subi un changement de trajectoire majeur par rapport aux anciennes. Le LBD, déjà imprécis, l'est donc devenu davantage. Avec les conséquences catastrophiques que l'on connaît, sur des manifestants qui n'étaient pourtant pas à l'origine ciblés par les policiers. « Linda, tu sais que je suis bon tireur, hein ? Et je te jure que, cette fois aussi, j'ai bien visé ! Mais c'est un autre qui a été touché... », me rapporte l'un de mes collègues.

Par ailleurs, il faut déplorer un défaut de formation évident pour l'utilisation optimale du LBD. À commencer par l'habilitation, cette première expérience que nous avons avec l'arme. Je me souviens parfaitement de la mienne. Dans mon groupe, un cours théorique nous a été dispensé durant une matinée. Arme disséquée, nomenclature apprise sur table. Mais la théorie, même parfaitement enseignée, ne fait pas de vous un bon tireur. Pour ce qui est de la pratique, nous avons passé un après-midi ensoleillé, au beau milieu d'un fort d'entraînement de la banlieue parisienne, à apprendre comment manier l'arme et comment pratiquer le tir en situation. Situation... tout à fait irrationnelle : la séance a consisté en cinq tirs à bonne distance, sur cible immobile, dans un environnement calme et rassurant. Point. Et nous voilà habilités pour deux ans ! Pas de quoi être rassurés, donc, lorsqu'il nous faudra utiliser cette arme en situation réelle, au milieu de deux mille émeutiers faisant cercle autour de nous, avec des curieux rassemblés au plus près des scènes de violence, dans des conditions urgentes d'utilisation.

Déliquescence des services de l'État... C'est tout cela que je n'arrive pas à expliquer sur le plateau de « Balance ton poste ».

Mais il y a ce jeune homme qui milite pour le désarmement des forces de l'ordre, incapable d'écouter ses interlocuteurs, toute parole émanant d'un contradicteur faisant offense à ses certitudes inébranlables, et donc dangereuses. Comme tous sur le plateau, il n'a aucune connaissance du sujet et profite d'une émission très suivie par la jeunesse pour distiller un discours haineux. « La révolte populaire sera toujours violente jusqu'à ce que vous [les policiers] tombiez ! », me lance-t-il. Je suis indignée que cette tirade ne choque personne sur le plateau.

À ses côtés, il y a ces avocats, en quête de clientèle. L'un d'entre eux fait partie de la Ligue des droits de l'homme. Sur les plateaux télé, j'ai rencontré nombre de ces conseils, pas forcément transparents sur leur appartenance politique, d'extrême gauche ou d'extrême droite. En réalité, qui défendent-ils vraiment : des humains en souffrance ou bien… leur propre idéologie ? Pourquoi cette haine et ce mépris dans leur regard, alors que face caméra ils se proclament humanistes ? Lorsque j'évoque les fractures, brûlures ou mutilations que les policiers eux aussi ont subies, l'un d'entre eux me répond : « Les blessures des policiers, c'est un mensonge d'État… » Que répondre devant cette mauvaise foi ?

Et puis il y a bien entendu les gilets jaunes, mutilés, diminués. J'ai alors le sentiment très vif d'avoir en face de moi des sans-culottes servant une cause qui les dépasse. Cette cause, au début, était la leur, pleinement justifiée : celle des classes moyennes et populaires demandant à ce qu'on les écoute. Une cause qui, me semble-t-il, a été reprise par une bourgeoisie militante vivant très confortablement, dans de bonnes conditions sociales et professionnelles. Et qui se sert parfois des gilets jaunes à des fins politiques et idéologiques. Il est si facile de manipuler des êtres humains, surtout lorsqu'ils sont en souffrance.

Le mouvement des gilets jaunes n'a que deux mois. Pourtant, je pressens sur ce plateau ce qui va se répandre dans l'opinion publique au cours des semaines à venir, ce que la société française va avoir à vivre : la division. Une division orchestrée par ces intellectuels, aussi violente que le sont les images des centres-villes dévastés, des commerces incendiés, des forces de l'ordre attaquées… et de ces êtres éborgnés par les LBD.

À ceux-là, sur le plateau de « Balance ton poste », je tente une seconde fois de dire à quel point je suis désolée. À nouveau, on me coupe la parole. Comme si ma propre humanité était déniée. Comme si, face à ces corps mutilés, je n'étais pas capable de compassion, d'empathie. Parce qu'après tout, je suis juste une « sale flic », tout juste bonne à devoir « se casser ».

Les préjugés… Les voici donc à nouveau dans ma vie. Je les connais bien. À tout prix, ils veulent me faire entrer dans leur peau de chagrin, grise et sombre.

Adolescence, à la découverte des préjugés

Il est gris et sombre, le petit bureau où nous défilons les uns après les autres. La conseillère d'orientation m'interroge du regard pendant que je m'assois devant elle. « Je voudrais être journaliste », lui dis-je. « Donc, pour ça, je me suis renseignée, il faudrait que je fasse un bac L, non ? » J'ai quinze ans, je suis en troisième. Et je suis persuadée que cette dame en face de moi est pleine de bonne volonté. Celle-ci prend un air ennuyé. Gentiment, elle m'explique que, « Vous comprenez, c'est compliqué un bac L pour vous : vos parents ne peuvent pas vous aider, vous ne parlez pas français à la maison, alors… »

En réalité, bon an mal an, nous parlons français à la maison. Et je passe bien plus de temps le nez dans les livres qu'à préparer le couscous avec ma mère, n'en déplaise aux images d'Épinal et aux idées toutes faites de cette conseillère d'orientation. Pour combler les lacunes familiales, j'ai le meilleur professeur de français du monde : mon cher Émile Zola, auquel je suis restée fidèle pendant toute mon enfance, voyageant sans me lasser tout au long de ses romans, ceux des Rougon-Macquart toujours en tête de liste. Je les découvre l'un après l'autre. Je me passionne pour le récit des mineurs exploités dans les bassins houillers de *Germinal*, je m'étonne du mépris des clientes à l'égard des vendeuses travaillant dans les grands magasins du *Bonheur des Dames*, je respire les odeurs entêtantes d'absinthe entre les lèvres de Gervaise dans *L'Assommoir*. Ces chefs-d'œuvre me font vivre intensément les déboires d'une famille plongée dans la misère sociale du XIXe siècle. Et ils me touchent sans que je puisse vraiment expliquer pourquoi. « Ah, parfait ! Eh bien si vous aimez tant les mots, me suggère la conseillère d'orientation, vous pourriez faire secrétariat ! »

J'ai envie de rire : le cliché est trop beau. Si j'avais été un garçon, elle m'aurait proposé chaudronnier ou carrossier. Le destin tout tracé des petits jeunes de banlieue ! Pourtant, je suis bonne élève et je n'ai jamais eu de problèmes de comportement. Certes, il y a eu ce redoublement l'année précédente. Juste une petite tache sur mon parcours.

Juste une petite tache sur son pancréas. Il était fort et musclé, mon père. On disait toujours en riant qu'il nous enterrerait tous. Un cancer l'a emporté en six mois. L'image de son corps brutalement abîmé, diminué, a habité mes jours et mes nuits de collégienne. Alors, oui, redoublement de classe. Mais une autre image a continué d'exister au plus profond de moi : ma mère, incroyablement forte. Après le décès, elle a fait front, elle n'a pas baissé les bras, il y avait les enfants à élever. Je ne l'ai vue pleurer qu'une seule fois : au funérarium. Alors, redoublement d'efforts, je me suis ressaisie et j'ai repris le dessus. En troisième, mes résultats scolaires sont à nouveau excellents.

Ça ne peut donc pas être ceux-ci qui motivent l'opinion de la conseillère d'orientation. Et même si mon redoublement en est l'explication, je ne lui donnerai pas la raison de cet incident de parcours scolaire : je regarde ma mère et chaque jour j'apprends à ne pas me poser en victime. Mon destin, c'est moi qui le mène et qui en suis actrice, quelles que soient les épreuves subies. Je n'éprouve donc pas de colère vis-à-vis de cette dame. Je l'observe et je comprends qu'elle fait du mieux qu'elle peut. Elle a juste la vue embrouillée par ses préjugés. Je ne prends pas son conseil comme une agression, je ne me dis pas : « Quelle horreur, la société est en train de me poser des pierres sur les épaules, elle dresse un plafond de verre au-delà duquel je ne pourrai pas atteindre mes rêves. Alors tant pis pour elle, je vais mal tourner puisqu'elle ne veut pas de moi. » Non, je ne me dis pas ça. Je me dis juste que la dame ne fait pas bien son travail et que c'est dommage pour elle. Je la remercie poliment, je la salue et je quitte le petit bureau gris et sombre. Nullement résignée.

Comme j'en avais l'intention, je passe en seconde générale. Trois ans plus tard, j'obtiens mon bac L.

Je ne servirai jamais de modèle aux préjugés.

L'explosion des préjugés

Les préjugés sont le lit de la haine. Je suis flic, et donc, selon eux, comme tous les flics, je devrais obligatoirement être contre les gilets jaunes et tirer à boulets rouges sur leurs revendications. Un raccourci aussi rapide que stupide dont j'ai subi les conséquences, d'une violence inimaginable, après mon passage à « Balance ton poste », en janvier 2019.

Insultes à mon encontre, visant toujours le dessous de la ceinture, forcément ; menaces de viol et de mort d'une vulgarité et d'une démesure que je n'aurais pas crues possibles. Tout cela diffusé sur les réseaux sociaux (un compte Twitter est même créé avec ma photo et une déformation de mon nom), ou bien tagué sur les murs le temps d'une manifestation, ou bien déversé au téléphone. Dans les jours qui suivent l'émission de Cyril Hanouna, des personnes passent des appels anonymes dans des commissariats pour proférer des menaces à mon encontre, éructer que je n'ai rien à faire dans la police, souvent au motif que je ne suis « même pas française », et qu'il faudrait donc absolument me « dégager ». Pendant plusieurs semaines, je suis la personne la plus bashée d'Internet. Je deviens une sorte de monstre avide de sang et de violence. L'ennemi à abattre. Pourquoi ?

Il se trouve que, oui, je prends la défense des policiers. Mais pas celle des politiques qui chapeautent l'institution, ni celle de l'administration qui la dirige, encore moins celle du gouvernement. Là est le quiproquo : nous, les policiers, ne sommes pas le bras armé d'Emmanuel Macron. Parfois, certains de nos concitoyens nous reprochent violemment de ne pas désobéir. Or, nous sommes fonctionnaires au service du public et de l'État, dont les élus sont désignés par les Français sur la base d'un programme. Puisque rien ni personne n'est au-dessus du suffrage universel, la républicanité de la police repose sur son acceptation du choix des urnes, sans nuance, et sur sa neutralité. Nous appliquons donc les décisions de notre ministre de tutelle qui, lui-même, tient sa légitimité du président de la République, démocratiquement élu.

Qu'il s'agisse de déloger une Zone à défendre, une manifestation non autorisée ou un sitting contre l'enfouissement de déchets radioactifs, si nous désobéissons, nous nous opposons à l'ordre légal dicté par le représentant du peuple. Ceux qui avancent l'argument du « bras armé du politique » nous associent, aujourd'hui, au gouvernement Macron, tout comme ils nous traitaient, hier, de police sarkozyste ou vallsiste. De droite comme de gauche, les extrémistes ne reconnaissent jamais la légitimité des gouvernements.

Par ailleurs, si je prends la défense de mes collègues, c'est parce que je milite dans une organisation syndicale de police. Or, les gilets jaunes n'ont pas compris qu'un syndicat a pour mission de défendre les intérêts de ses mandants. Autrement dit, quand un collègue faute, notre rôle est de prendre sa défense. Par exemple, devant un conseil de discipline mandaté par l'administration. Ou accessoirement, puisque le ministère rechigne à le faire, devant ce grand tribunal populaire qui fait et défait l'opinion publique : les médias. Il ne s'agit pas d'excuser le collègue dont le comportement est remis en question, ni de le dérober au regard de la justice ou de l'éthique. Juste de le défendre. Comme le ferait un avocat avec n'importe quel justiciable qu'il a charge de représenter, ce en remettant sa situation dans un contexte et en rétablissant des faits parfois tronqués. Les policiers n'auraient pas accès à ce droit de défense que possède le commun des mortels ?

En revanche, nous refusons de défendre un collègue quand nous savons qu'il a commis volontairement une faute lourde, moralement et légalement indéfendable, mettant à mal l'ensemble des policiers et les valeurs qu'ils protègent, bref, portant préjudice à l'uniforme qu'il s'est pourtant engagé à honorer. Mais nous ne rendons jamais notre décision publique, par égard pour lui. C'est dire si la morale nous importe, au moins autant que le portefeuille de leurs clients intéresse certains avocats peu soucieux de vertu…

Mais dans l'esprit des gens, les syndicats de policiers ont curieusement une espèce de dérogation dont nous nous passerions bien : défendre un flic, ça ne devrait pas exister ! Là repose une méconnaissance totale de nos institutions. Cette méconnaissance est alimentée par le ministère de l'Intérieur, dont certains discours jettent le trouble, donnant parfois à penser qu'il marche main dans la main avec les syndicats de policiers. Ce qui est faux. Mais ce quiproquo est également nourri par… nos propres erreurs syndicales.

En effet, j'ai très vite compris que nous, délégués des syndicats (tous confondus), faisions une bévue phénoménale en allant expliquer sur les plateaux télé telle ou telle opération de routine : braquages, faits divers, dispositifs de police, chiffres de la délinquance... Notre hyperprésence dans les médias pour des commentaires et des bavardages ne relevant pas de notre mission fait que l'opinion publique perçoit aujourd'hui les syndicats comme des émanations directes du ministère de l'Intérieur. Oubliant que notre mission première et unique est de défendre les policiers. Et que, pour ce faire, nous nous opposons la plupart du temps à la DGPN ou à ce même ministère avec lequel l'opinion publique a tendance à nous assimiler !

Par ailleurs, ces deux derniers se gardent bien de lever un flou artistique qui ne les dérange pas, bien au contraire : depuis trop longtemps, ils se retranchent derrière nous, syndicats, pour que nous effectuions leur job. Lequel devrait être d'expliquer et de justifier les stratégies pensées et mises en place par eux-mêmes, stratégies que les policiers « se contentent » d'exécuter. Mais ils éludent cette tâche. Par conséquent, ce sont les journalistes qui nous sollicitent, nous expliquant qu'aucun représentant de l'institution ne veut faire son travail de communication. Alors qu'il est pourtant impératif d'expliquer l'activité du ministère de l'Intérieur.

Les heures précieuses que nous passons à faire à leur place des commentaires sans intérêt, ce sont des heures que nous ne consacrons pas à notre mission..., ce qui est tout à leur avantage. C'est pourquoi, désormais, je refuse de commenter les actions de police quotidienne et les faits divers. Malheureusement, nous sommes le seul syndicat à adopter progressivement cette mesure. Aussi, le quiproquo est entretenu par d'autres organisations et continue de grossir. Résultat : les gilets jaunes ne nous voient plus comme les alliés potentiels que nous aurions pu être, mais comme une branche issue des salons dorés du ministère de l'Intérieur et donc du gouvernement. Une terrible ignorance de la réalité institutionnelle.

Et, comme toujours, sur le terreau de l'ignorance poussent et grouillent les préjugés.

« Mais qu'ils crèvent, ces sales flics de merde ! » « Au bûcher, putains de keufs ! » Ces injures que je lis par centaines sur les réseaux sociaux n'ont pas été postées par des black blocs ou des extrémistes underground, mais par monsieur et madame Tout-le-Monde : mamans avec leurs enfants en poussette, jeunes cadres, retraités apparemment bien tranquilles… Je suis effrayée. Voici donc la société française ? Et je comprends peu à peu que leur colère, légitime, est devenue de la haine.

Moi, ma révolte, je l'ai transformée en engagement syndical. Je me suis toujours considérée comme actrice de la cité, estimant que j'avais la possibilité de changer les choses. Tu es en colère ? Sers-t'en pour t'en sortir, pas seulement individuellement, mais dans un but collectif. Engage-toi dans une association, un syndicat, un mouvement politique… Deviens citoyen au sens plein et noble du terme. Alors ta colère sera toujours utilisée à bon escient et tu ne sombreras jamais dans la haine. Voilà ce que j'ai envie de dire à tous ces gens qui, sur les réseaux sociaux, vomissent sur les policiers. Et, accessoirement, sur ma personne.

Ces milliers de tweets et de messages extrêmement violents que je reçois à partir de décembre 2018 et tout au long des deux premiers trimestres 2019, j'ai la grande naïveté de les lire. Peu à peu, ils commencent à faire leur œuvre destructrice dans ma tête. Un sentiment d'injustice me serre le ventre : je ne suis pas celle que l'on décrit, l'humanisme fait partie des valeurs que mes parents et mes lectures m'ont inculquées, je me bats exactement pour ça ! Les extrémismes me font horreur, je suis au service de la collectivité et non pas, au grand jamais, à celui de mes intérêts personnels.

Heureusement, je suis solide mentalement, j'essaie de tenir bon. D'autant que ces mois de manifestations ne me laissent pas de répit, je suis embarquée dans une spirale, il y a tant à faire au bureau : il faut gérer médiatiquement la crise des gilets jaunes, rédiger sans cesse des notes d'actualité, suivre les discussions parlementaires et les projets législatifs en rapport avec le maintien de l'ordre, pas le temps de réfléchir, pas le temps de se plaindre, soutenir les policiers en souffrance, répondre aux appels des journalistes, des dizaines de fois par jour...

Je finis néanmoins par contacter la plateforme Pharos, dont la mission est de lutter contre les contenus et les comportements illicites sur la Toile. Je signale les agressions dont je suis la cible. Semaine après semaine. Rien n'y fait. Les collègues de Pharos me rappellent, ils sont stupéfaits et effrayés par ce raid numérique qui ne cesse de s'intensifier, ils m'incitent à porter plainte. Mais je réussis à me convaincre qu'il ne s'agit là que d'intimidations : j'ai la peau dure. Et puis, tout cela est virtuel et ne touche que moi, et non pas ce que j'ai de plus précieux au monde : ma famille. Jusqu'à cette soirée de printemps.

Après laquelle je décide enfin de pousser la porte d'un commissariat parisien.

Déclaration de main courante
Effectuée le 03/04/2019 à 13 h 26
Déclarant : Linda Kebbab
Objet : Injures-Menaces

Au sortir d'un espace de loisirs devant lequel [...] *se trouvaient des clients, alors que j'étais avec ma fille* [...], *un groupe de plusieurs jeunes hommes s'est détaché et s'est approché de moi. L'un d'entre eux m'a appelée par mon nom et mon prénom, et j'ai malheureusement tourné la tête dans sa direction. Il m'a alors reproché mes prises de position publiques de défense des policiers dans la presse et les médias, et m'a déclaré : « Ce que tu dis va t'apporter des problèmes, il va t'arriver des choses, je te préviens ! De quel droit tu parles comme ça ? » Je lui ai répondu que ça ne m'intéressait pas et ai quitté les lieux aussitôt en emmenant ma fille.*

Plusieurs évènements ont eu lieu ces derniers mois. Notamment un tag découvert sur la devanture d'une agence bancaire à Bordeaux lors de l'acte XII des gilets jaunes avec mes nom et prénom [...] *Également des appels anonymes contre ma personne dans au moins un commissariat de police* [...] *J'ai signalé à Pharos de nombreuses menaces de mort et de viol sur les réseaux sociaux. Les collègues de Pharos m'ont contactée et précisé qu'ils ne pouvaient rien faire en dehors de demander leur suppression à Twitter.*

Mais ce ne sont pas tant ces agressions numériques qui me révoltent. Au fil des semaines, je réussis à m'y adapter, à faire le dos rond, je sors systématiquement avec mon arme. Et pour que l'on ne me reconnaisse pas, je change de coiffure, de maquillage, je me couvre la tête… Non, ce qui peu à peu m'empêche de dormir, c'est quelque chose de bien plus grave.

Suite de la déclaration de main courante :

Ces faits de menaces ont été portés à la connaissance du ministère, au plus haut, et rien n'a été fait. Seule une plainte de mon initiative a abouti sans aucune assistance de l'administration. La protection fonctionnelle est inexistante. Je fais cette MCI[1] *dans l'éventualité où un incident dramatique m'arriverait, afin de rappeler que l'administration et mon ministère de tutelle sont bien au courant des menaces qui pèsent sur ma personne sans qu'aucune*

1. MCI : Main courante informatisée.

démarche ni procédure contre les auteurs n'ait été enclenchée.

Oui, c'est bel et bien le manque de soutien de mon administration qui me heurte. Je sais pourtant que ma déclaration a fait l'objet d'un télégramme remonté au plus haut niveau. J'agis dans l'intérêt de l'institution policière et dans celui de mes collègues pris sous le feu de critiques et de menaces incessantes. Mais à aucun moment je ne suis ni défendue ni protégée par les hauts responsables de ma « famille ». Sur les réseaux sociaux, la secrétaire d'État Marlène Schiappa soutient la journaliste Christine Kelly, qui subit également des menaces de mort depuis plusieurs semaines : « Chère Christine, avez-vous déposé plainte ? C'est inadmissible cette situation et pas tenable psychologiquement, pour personne. »

Je suis d'accord avec elle : ce n'est pas tenable. Pour qui le serait-ce, à vrai dire ? Pour quel citoyen serait-il acceptable de voir sa vie en danger pour avoir défendu des valeurs républicaines ? Pour autant, le gouvernement de Marlène Schiappa ne m'a pas donné le moindre signe de vie. Je lui envoie ce message : « Une lanceuse d'alerte au service de l'État qui n'est pas Christine Kelly n'est pas bankable pour le gouvernement. Un an de menaces de mort et de viol, raids numériques, menacée dans la rue.

Obligée d'être armée H24. Mon ministère informé, en vain. Féminisme à géométrie médiatique variable. »

Je n'obtiens pas de réponse de sa part. Je reçois en revanche de nombreux appels de soutien de la part de mes collègues, de personnalités publiques, et même de journalistes alertés par la situation. Mais silence radio de la part de ceux-là mêmes qui sont chargés de missionner les fonctionnaires que nous sommes et dont je suis. Pourtant, il me semble cocher pas mal de cases dans l'intitulé du portefeuille de Marlène Schiappa : « égalité entre les femmes et les hommes », « lutte contre les discriminations »... À moins qu'en soient exclues les policières ?

Ou bien peut-être suis-je, avec mes prises de position clamées haut et fort, une épine dans le pied du gouvernement et de mon administration ? Ces derniers espèrent-ils qu'effrayée par la violence de ces injures, je finisse par me décourager et par me taire ? S'ils restent bien silencieux au sujet de cette avalanche d'agressions, ils n'hésitent pourtant pas à prendre leur téléphone pour me... menacer.

Automne 2019. Le ministre de l'Intérieur, Christophe Castaner, appelle Yves Lefebvre, secrétaire général d'Unité SGP Police, pour lui dire que, selon l'Élysée, je dépasse les bornes. Que je bafoue mon devoir de réserve. Et qu'une enquête administrative de l'IGPN[1] pourrait bien me pendre au nez. Car mes prises de position face aux ratés des stratégies adoptées pendant la crise des gilets jaunes ne plaisent pas.

Sur un plateau télé notamment, avec toute la dignité que le sujet imposait et code de procédure pénale à l'appui, j'ai expliqué comment le ministère de l'Intérieur aurait pu et aurait dû, dès le début du mouvement des gilets jaunes, empêcher les black blocs d'infiltrer les cortèges. Car à leur contact, certains manifestants radicalisés ont observé puis emprunté leurs méthodes de guérilla. Avec les conséquences que l'on connaît. Alors je l'ai dit. Pour que les stratégies du ministère changent. Et l'on m'accuse de bafouer mon devoir de réserve ? Mais qu'en est-il vraiment de ce dernier et que stipule-t-il ?

La définition du devoir de réserve nous dit que les agents publics doivent « éviter les comportements susceptibles de porter atteinte à la considération du service public par les usagers ». En d'autres termes, nous devons nous abstenir de tout comportement ou propos donnant une image négative et dégradante du service public.

1. Inspection générale de la Police nationale.

Et nous devons faire preuve de réserve et de mesure dans l'expression de nos points de vue. Mais « la liberté d'opinion est reconnue aux agents » : le droit de réserve ne concerne donc pas le contenu de nos idées, mais bien leur mode d'expression. Pour ma part, je ne donnais nullement une opinion personnelle. Mais une analyse, basée sur des éléments objectifs, étayée par les innombrables témoignages de policiers que j'avais récoltés et, surtout, corroborée par des experts de la sécurité et du maintien de l'ordre.

Un mandat syndical n'empêche pas une sanction. Mais je suis tout de même quelque peu protégée par la structure au sein de laquelle je milite : le jour où le ministère de l'Intérieur nous appelle pour brandir son étendard « attention, enquête IGPN », Yves Lefebvre rétorque à notre interlocuteur que nous sommes la première organisation syndicale chez les gardiens de la paix et qu'il est en train de menacer l'une de ses représentantes. Laquelle a bonne presse chez ses collègues. « Alors soyez assurés d'une chose : si vous lui mettez une enquête sur le dos, vous allez vous retrouver avec des milliers de policiers à l'IGPN… » Étonnamment, l'enquête n'a pas été déclenchée…

Ce n'est pas la première fois que je suis menacée par mon administration pour des propos que je tiens dans les médias. Mon salaire de brigadier de police : deux mille trois cents euros par mois. Et mon détachement à Unité SGP Police est bénévole. Autant dire que je ne travaille pas pour l'argent ! À chaque menace d'enquête, je me pose trois questions : les propos qui me sont reprochés sont-ils conformes à la loi ? Sont-ils justes moralement ? Et ont-ils pour objectif d'améliorer l'institution ? Si les réponses sont toutes affirmatives, alors je sais que je n'ai rien à me reprocher. On peut bien enquêter sur moi, m'accuser de violer mon devoir de réserve, voire me révoquer. Je dis la vérité sur des actions politiques qui posent problème, tant pour la sécurité des policiers que pour celle des Français. Alors, ce n'est pas pour un salaire que je renoncerais à mes convictions. Ce sont elles qui motivent mes prises de parole et, heureusement, celles-ci contribuent parfois... à améliorer les situations : au final, les stratégies mises en place pour gérer les manifestations de gilets jaunes se sont améliorées au fil des mois, les autorités de l'Intérieur ont fini par accepter nos remarques, changeant progressivement – même imparfaitement, mais c'est déjà une avancée – leurs plans d'action. Et la violence a fini par diminuer. Objectif rempli. Alors ces menaces d'enquête récurrentes me sont indifférentes.

Mais ce qui m'obsède pendant ces mois d'injures et de menaces, c'est cette image qui me reste au fond des yeux, gravée, enkystée. Lors de l'agression verbale relatée dans la main courante déposée à Paris, j'ai vu quelque chose que je n'oublierai jamais : le regard de ma fille face au jeune homme qui me hurlait dessus. Un regard tétanisé.

L'incompréhension muette d'une toute jeune fille face à l'intolérance abjecte qui menace sa mère.

Quand l'intolérance tue

Cet été-là, moi aussi je suis une toute jeune fille. J'ai dix-neuf ans à peine. Et je suis tellement heureuse, à vouloir serrer le monde entier dans mes bras, à embrasser tout l'horizon qui se déploie à l'est, à l'ouest, au sud et au nord devant mon avenir et... mes rêves de journalisme : je viens d'avoir mon bac, n'en déplaise aux tristes mines des préjugés de tout poil ! Et je vais pouvoir entamer des études pour devenir reporter de guerre ! Je me vois déjà, impétueuse et convaincue, employer le russe et l'arabe, étudiés depuis le collège. Je m'imagine obtenir des entrevues avec des groupes armés au Moyen-Orient ou au sein des républiques de la fédération de Russie. Couvrir, filmer des zones de conflit, rapporter des images pour illustrer la géopolitique pétrolière..., c'est pour moi et c'est pour bientôt !

Mais je ne suis pas la plus euphorique. Loin de là. Il en est une qui jubile au plus profond d'elle-même mais qui retient ses larmes : ma mère. Je lis, dans ses yeux et son sourire, l'immense fierté et le bonheur qui sont les siens. Nous venons d'arriver en Algérie, pour les vacances d'été. C'est dans son pays, et nulle part ailleurs, qu'elle veut célébrer l'évènement. Comme un symbole, peut-être. Comme pour clamer que là d'où elle vient tout peut arriver, surtout le meilleur, quand on y croit et quand on s'accroche.

De nombreux invités sont prévus à la fête. Ici, les populations de tradition berbère sont toujours regroupées par tribus familiales, parfois très grandes, au sein desquelles tout le monde se connaît. Ma mère est réputée pour être cette femme à poigne qui ne s'est pas laissé abattre par la mort de son mari. Pour lui et pour ses enfants, elle a tenu à continuer l'œuvre qu'il avait commencé à entreprendre : la construction d'une jolie maison. Une femme aux manettes d'un chantier immobilier : impensable dans ce *douar*[1] d'Algérie ! Mais rien n'est infaisable pour ma mère. Alors, pendant des années, elle s'est battue

1. Douar : au Maghreb, découpage rural de la commune. Le douar correspond au hameau en France.

comme une lionne contre la bureaucratie corrompue et contre les préjugés sexistes, elle est partie en guerre contre la bêtise, la fleur au fusil. Armée d'une détermination tranquille et sans faille : pour sa fille et pour ses fils, elle veut le meilleur et elle l'obtiendra. De fait, des petites et des grandes victoires, elle en a remporté ! Les villageois se les racontent avec admiration et, parfois, un brin de jalousie. Oui, ils viendront nombreux à la fête pour célébrer avec nous l'obtention de ce graal lycéen qu'est le bac. Une nouvelle victoire, la plus belle, je crois, dans le cœur de ma mère.

Elle prend sa voiture pour aller faire le plein de victuailles.

Il n'y avait pas de raison qu'elle sorte de la route. Aucune. Une route toute droite, sans barrières de sécurité. Face à elle, ce camion. Là non plus, il n'y avait pas de raison que celui-ci la fasse dévier de sa trajectoire par une manœuvre des plus étranges, diront les témoins. À moins que, dans une Algérie encore prisonnière de la décennie précédente, noire, meurtrière et dressée contre les idéaux de liberté, oui, à moins que dans ce contexte-là, ce conducteur de camion ait eu une aversion pour toute femme à poigne au volant d'une voiture immatriculée en France. C'est ce que racontent les villageois, en tout cas.

Quand ils nous annoncent la nouvelle, mes frères ont le regard tétanisé. Moi je ne sais pas. Sur l'instant, je ne pense rien. Je ne dis rien. Sidération.

L'incompréhension muette d'une jeune fille face à l'intolérance abjecte qui vient de tuer sa mère.

Changement de stratégie

Et si je décidais de sortir de la route ? Et si je choisissais de plier face aux menaces et aux insultes qui, pendant la crise des gilets jaunes, continuent de s'abattre sur moi depuis les réseaux sociaux ? Si je me taisais pour me protéger et, surtout, protéger ma famille ? Pour ne plus jamais voir ce regard tétanisé de ma fille ?

Ces questions tournent en boucle dans ma tête. Elles ravagent mes nuits, pendant lesquelles un bruit assourdissant résonne en moi jusqu'à prendre une terrible ampleur : le silence brutal de mon administration face aux menaces délirantes dont je fais l'objet. Je ne demande même pas une protection. Seulement du soutien. Je me sens comme ces milliers de flics que leur hiérarchie laisse seuls face à la dureté de ce métier et qui continuent de travailler avec une sensation terrifiante. Celle d'être réduits à de simples objets : des boucliers.

Bien entendu, à Unité SGP Police, j'ai le soutien de mon secrétaire général. Pourtant, commencent à apparaître au grand jour des petites jalousies au sein même de mon organisation. J'entends quelques blagues perfides au détour des couloirs, des petites phrases amusées sur le sort que veulent me réserver ceux qui me menacent. Je cherche du soutien et parfois n'en obtiens pas. En ces moments de fragilité m'explose à la figure le côté sombre du syndicalisme : la façon qu'ont certains d'entre nous de profiter du système sans la moindre empathie pour ceux que nous sommes censés défendre ; les belles indemnités ; les avancements de carrière indus au profit d'intérêts personnels, et non en faveur de l'institution policière… Autrement dit, tout ce que de nombreux policiers dénoncent et que je connais déjà. Mais qui, pendant ces semaines-là, me semble encore plus insupportable.

Bref, je ne vais pas bien. Sensation d'être aspirée dans un tourbillon que je ne contrôle pas, un tunnel, une tornade. J'ai l'impression de couler, happée par des cris et des menaces qui m'emportent vers le fond. Je me sens inaudible. Et donc totalement inutile. Exit, *l'intérêt public* que j'affectionne tant : je ne sers à rien et cela me sape au plus profond de moi-même. « Fais gaffe, Linda, tu vas finir par te suicider ! », me disent des collègues. Mais une petite lueur, curieusement, ne s'éteint jamais en moi : je sais que je n'ai pas le droit au désespoir. Parce que celui-ci, je l'ai entendu chez des dizaines et des dizaines de collègues et que ce serait une insulte envers eux que d'envisager un tel geste. En leur nom, je n'ai pas le droit de craquer.

Je comprends alors qu'il en va de ma survie mentale de me mettre au vert.

Yves Lefebvre, mais aussi Paul Le Guennic, responsable de la communication, homme solide et inébranlable, et Grégory Joron, qui deviendra quelques semaines plus tard secrétaire général délégué, m'encouragent à prendre du recul : « On va prendre ton relais, va te reposer ! » C'est l'avantage de faire partie d'une grande organisation syndicale : les petites associations de policiers (il en existe) se font broyer par le rouleau compresseur de l'administration, des politiques ou de la société, car elles ne sont représentées que par deux ou trois grandes figures qui à un moment donné, épuisées, abandonnent et démissionnent. Dans la foulée, l'association s'écroule.

J'écoute donc le conseil de mes comilitants et je prends quelques jours de vacances. J'en profite pour suspendre tous mes comptes sur les réseaux sociaux, je me coupe du bruit, de l'agitation et des journalistes. La soif de certains médias est sans fin, ils trouvent toujours quelqu'un auprès de qui l'assouvir et je réalise que la planète tourne sans moi. Que nous sommes tous remplaçables, comme le disait Georges Clemenceau. Soutenue par les miens, peu à peu, tout doucement, je retrouve le plaisir. Celui de me remettre à étudier l'activité parlementaire. Puis de lire un rapport sur les opérations de maintien de l'ordre, puis deux, puis dix, puis beaucoup. J'affine également mes connaissances sur les mouvements extrémistes et violents. Je suis à nouveau les dossiers techniques du moment, je mets à jour ma formation de tir. Bref, je reprends le travail. Mais différemment. Et je recommence à respirer normalement. Pour autant, je me demande si je mène ma mission avec justesse, si je fais bonne route. Je décide alors de me rendre là où je n'avais plus mis les pieds depuis de très – et trop – longues années.

C'est dans un cimetière d'Algérie que j'ai besoin de retrouver les deux seules personnes sur lesquelles j'ai toujours pu me reposer, malgré leur douloureuse absence. C'est étonnant comme le silence des tombes d'un père et d'une mère vous enveloppe de ses précieux conseils.

Depuis leur mort, je n'avais jamais ressenti ce besoin qu'ils me guident. De leur demander comment agir en faisant honneur aux belles valeurs qu'ils m'ont inculquées. Les mains sur la terre nue face à leurs pierres tombales, je n'obtiens pas de réponses directes, certes. Mais je commence à me poser les bonnes questions.

Si je ne me bats plus, la situation des policiers va-t-elle s'améliorer pour autant ? Non. Seras-tu frustrée de voir qu'elle ne s'améliore pas ? Oui. Du fond de ton bureau, pesteras-tu d'avoir abandonné ? Oui ! Alors je décide de persévérer. De ne pas céder aux menaces idéologiques. Parce qu'il y a en moi, je crois, plus fort que la peur : l'empathie. Celle que, pendant ces heures sombres, j'aurais eu tant besoin de recevoir de la part de mon milieu professionnel.

Je ne m'explique pas pourquoi j'ai cette capacité à vivre par procuration ce à quoi font face les policiers. Je comprends intensément les difficultés qu'ils vivent sur le terrain. Pas seulement parce que j'ai vécu les mêmes. Mais parce que je continue à les ressentir, physiquement, psychologiquement. Ce sont des douleurs qui ne passent pas. Et elles sont sans cesse entretenues par ce que me confient jour après jour les collègues. Des collègues dont, malheureusement, beaucoup de syndicalistes se désintéressent, allant parfois jusqu'à les mépriser. Ils sont nombreux à oublier les problèmes inhérents au terrain une fois qu'ils l'ont quitté. Et ça, je me refuse impérativement à le faire.

Ma mission, je la vis avec cœur. Pour autant, je ne me considère pas comme la porte-parole de mon syndicat : je n'ai pas été élue. J'ai été nommée, c'est toute la différence. Je n'ai pas de mandat représentatif mais j'estime avoir un mandat impératif. Par conviction, j'ai accepté d'endosser une mission à laquelle je me donne sincèrement. Mais personne ne m'indique ce que je dois dire. Ma feuille de route : les textes réglementaires qui nous protègent. Ma jauge : l'analyse et le recoupement des situations sur le terrain opérationnel. Mon objectif : le progrès pour les policiers et la société. Et par-dessus tout, mon seul gouvernail, donc : l'empathie.

Pendant cette mise au vert, je repense aux policières et aux policiers qui m'ont pendant des années parlé de leurs souffrances. Je me souviens de leurs prénoms, je revois leurs visages. Je me rappelle les poignées de main chaleureuses, souvent données par des gardiens de la paix, mais aussi par des commissaires ou des officiers : « Merci pour votre discours ! Et même si, parfois, vous êtes dure avec notre corps de métier, on doit bien avouer que vous dites la vérité, que votre analyse est juste et que vous connaissez vos dossiers… » Tous ces collègues, je réalise que je n'ai pas envie de les laisser tomber. Je sais que la vie m'a fait ce formidable cadeau : les mots. Ils coulent facilement, ils trouvent leur source quelque part en moi, je veux continuer à les offrir à ces femmes et à ces hommes de courage. « Toi, ma fille, je te verrais bien devenir… avocate ! » Oui, maman, tu avais sans doute raison, finalement… Alors je vais les braver, tous ces camions d'intolérance. Tu verras, ils ne me dévieront pas de ma route.

Je reviens à Paris. Réunion à Unité SGP Police. Yves Lefebvre, secrétaire général, Grégory Joron, son adjoint, sont là, ainsi que Paul Le Guennic, responsable de la communication. Je leur donne mon point de vue : il faut impérativement changer de stratégie médiatique. Exactement comme pour les interventions de routine que nous avons déjà décidé de ne plus commenter. Ce n'est plus à nous, syndicats, d'expliquer sur les plateaux télé les actions de police menées dans le cadre des manifestations de gilets jaunes. Plus question de faire ce travail à la place de notre administration et de recevoir ensuite des menaces de mort. Mettons nos politiques face à leurs propres responsabilités.

Qu'ils expliquent et assument eux-mêmes leurs stratégies. Qu'ils se déplacent sur les plateaux télé pour restituer une bonne image de l'institution. Qu'ils rendent justice à nos collègues devant l'opinion publique. Qu'ils interviennent avec pédagogie et fermeté quand il y a un déchaînement de haine à notre encontre. Tout cela est de leur responsabilité morale, même si celle-ci leur échappe, et par-dessus tout, de leur responsabilité réglementaire. Car pour protéger les fonctionnaires, il existe un outil statutaire : la protection fonctionnelle. Mise en place par la loi du 13 juillet 1983, elle prévoit notamment, dans son article 11 que : « La collectivité publique est tenue de protéger les fonctionnaires contre les menaces, violences, voies de fait, injures, diffamations ou outrages dont ils pourraient être victimes à l'occasion de leurs fonctions, et de réparer, le cas échéant, le préjudice qui en est résulté. »

Cette protection fonctionnelle passe aussi par le soutien moral. Or, dans un métier aussi scruté que le nôtre, ce soutien-là passe par la médiatisation.

Or, où étaient-ils, nos directeurs et nos responsables du ministère de l'Intérieur, quand ils entendaient une partie des médias démocratiser l'idée que les policiers n'auraient pas le droit d'utiliser la force légitime ? Quand un manifestant lance un pavé sur un policier, celui-ci n'aurait pas le droit de répliquer pour protéger sa vie ? Lequel de ces politiques est venu expliquer sur les plateaux télé que si, justement, la loi le permet ? Car il existe un principe qui s'appelle la légitime défense et il vaut aussi pour les forces de l'ordre. Son usage doit évidemment être proportionné. Mais ne soyons pas hypocrites : si en face d'eux, les policiers subissent une violence qui peut occasionner des blessures ou la mort, ils ont la possibilité pour se défendre d'utiliser une force qui peut, elle aussi, occasionner des blessures ou la mort. Même si ce n'est évidemment pas l'objectif. Difficile à accepter. Mais il faut le dire. Et ne pas abandonner les policiers face à cette réalité qu'eux-mêmes ont du mal à supporter.

J'aimerais être juste. Il est vrai qu'une personne a tenté de mettre en garde les partisans de la violence. La nomination de Laurent Nuñez, secrétaire d'État auprès du ministre de l'Intérieur depuis le 16 octobre 2018, est certainement la meilleure chose qui soit arrivée à Christophe Castaner. Il est policier, il connaît nos modes de fonctionnement, ainsi que les règles et les textes qui les régissent. Il a été le seul à tenter d'expliquer les dommages collatéraux que pourrait avoir la violence. Mais c'était déjà trop tard, il aurait fallu le dire dès novembre 2018. Ça n'a pas été fait. Résultat : l'expression « violences policières » est devenue une boule de neige qui n'a cessé de grossir sous la pression médiatique. Et la haine aveugle s'est installée, les menaces de mort ont commencé à pleuvoir.

Hors de question, donc, de continuer à alimenter ce cercle vicieux. Ce jour-là, la mesure discutée pendant notre réunion est actée : Unité SGP Police n'expliquera plus jamais les dispositifs mis en place pendant les manifestations. Et nous renverrons notre employeur à ses obligations vis-à-vis de ses agents. Et le politique, vis-à-vis des Français. Point.

Dès le lendemain, je retourne donc sur les plateaux télé ou je réponds aux appels des médias. Aux questions que l'on me pose sur le bien-fondé d'une stratégie mise en place pour une nouvelle manifestation de gilets jaunes, j'invite le journaliste à interroger mon administration… Ah bon ? On accuse des CRS d'avoir créé une nasse samedi ? Cet encerclement des manifestants a pour effet malheureux de les enfermer en même temps que les émeutiers, sans possibilité de sortie. Mais au fait, qui était dans la salle de commandement, devant son écran, pour décider du positionnement des effectifs ? Pourquoi vous, les journalistes, ne vous penchez-vous pas sur la loi, qui prévoit que l'action collective doit être de la responsabilité du donneur d'ordres ? Que l'on s'adresse à celui-là ! C'est à lui d'expliquer que les policiers, ce jour-là, n'ont pas vu l'ensemble du dispositif. Les CRS, gendarmes mobiles ou compagnies d'intervention parisiennes ont pensé qu'une rue avait été laissée libre parmi celles faisant l'objet de barrages. Ils ont donc cru qu'un filtrage y avait été mis en place pour permettre aux simples manifestants de quitter les lieux, ce avant le bond offensif de dispersion. Manœuvre qui, une fois enclenchée, ne fait plus de distinction entre manifestants et émeutiers, car logiquement seules demeurent sur place les personnes ayant refusé l'ordre de quitter les lieux.

Oui, que celui qui était devant ses écrans pour surveiller le bon déroulement des opérations réponde de ses décisions... quitte à être remis en cause. Quitte à montrer une faille dans son raisonnement. Mais c'était peut-être bien ça, après tout, l'objectif de se retrancher derrière nous : ne pas exposer le flanc à la critique ? Je le dis clairement à tous les journalistes qui me sollicitent : je répondrai à toutes les questions, sans problème. Mais plus à celles concernant les gilets jaunes. Quand personne ne voulait y aller, j'y suis allée. Le discours est passé. Le calme est ensuite à peu près revenu, mais les menaces à mon encontre ont perduré. Il y a, au sujet de cette crise populaire, une terreur idéologique, et je ne veux plus en subir les conséquences.

Après les interviews, je retourne au siège d'Unité SGP Police. Je prends la liste des collègues qui ont cherché à me joindre pendant mon absence. Il y en a près d'une centaine, de tous services, de toutes régions. Je les rappelle un à un. Je les écoute et peu à peu, je retrouve le sens de mon métier. L'envie de me battre pour eux. De trouver des solutions à leurs doléances. Ce n'est pas le travail qui manque : il y a bien d'autres champs de bataille que celui des gilets jaunes. La tâche ne me fait pas peur et je la reprends avec ardeur.

Les études

Le camion d'intolérance qui a fait dévier de sa route la voiture de ma mère a bouleversé nos trajectoires de vie à jamais.

J'ai dix-neuf ans, majeure et pourtant encore une enfant, avec deux frères plus jeunes que moi : neuf et onze ans. J'ai le bac en poche, la belle affaire… Et dans la tête, ce petit vélo qui tourne en permanence, qui crisse, qui grince et qui, nuit après nuit, me susurre sa ritournelle : « Comment est-ce qu'on va faire ? », « Comment est-ce qu'on va faire ? » À la mort de mon père, je pouvais me reposer sur la force de ma mère. Grâce à elle, je crois n'avoir jamais dû renoncer à sourire, ou presque. Pendant cinq ans, j'ai pu compter sur elle. Aujourd'hui, elle n'est plus là.

Adieu, le HLM de Vaulx-en-Velin, les napperons de dentelle, les faux tapis persans… La fratrie est disséminée. Mes petits frères sont recueillis par des membres de la famille, je dors trois ou quatre nuits chez une amie ou des cousins. Dix-neuf ans n'est pas le bel âge pour tout le monde, les premiers grands évènements d'une jeune fille peuvent ne pas ressembler à des moments de joie. Ma première voiture, par exemple. Je parviens à en acheter une, bien petite. Elle me servira de logement quelques semaines, le temps d'en trouver un vrai... Sur le siège abaissé pour pouvoir y dormir à peu près correctement, je m'angoisse sur l'avenir et je pleure. Mais je sais qu'il va falloir remonter cette pente. Et que j'y arriverai. Pour elle, ma mère.

Animatrice de centre de loisirs, éducatrice sportive périscolaire, caissière, vendeuse en poissonnerie, agent de téléprospection..., je cumule les petits jobs : il faut pouvoir financer l'éducation de mes frères. Je finis par louer un petit studio, à Lyon. Parallèlement, je vais à la fac. Plus question d'intégrer une école de journalisme, dont le coût est bien entendu totalement prohibitif pour moi. Nous sommes au début des années 2000, le conflit armé en Tchétchénie, qui oppose les indépendantistes du pays à l'armée russe, bat son plein. L'année d'après, deux avions fonceront dans des tours new-yorkaises bondées d'innocents. J'entre à la fac et je poursuis l'étude de l'anglais, du russe et de l'arabe. Je reste les yeux fixés sur mon rêve, être reporter de guerre. Devenir multilingue et aller voir là-bas ce qu'il se passe. Trouver la vérité, au-delà des émotions. Avec les mots, toujours, et peu importe la langue...

Pendant deux ans, je suis un rythme infernal : les cours, les petits boulots et la présence auprès de mes petits frères. Passer du temps avec eux, autant que possible. Rester à tout prix une famille, malgré la mort de nos parents, malgré ces deux bombes qui nous ont explosé à la figure à cinq années d'intervalle. Chaque jour, je pense à ces enfants le cœur serré, je me souviens de leurs fous rires lorsque nous étions tous ensemble sur le canapé devant la vieille télévision sans télécommande. J'ai l'impression d'être devenue leur mère. Je voudrais faire plus pour eux, tellement plus. Mais j'ai dix-neuf, puis vingt, puis vingt et un ans, et j'ai déjà du mal à assurer pour moi-même...

C'est alors que je fête mes vingt-deux ans. Et la vie me sourit à nouveau. Elle m'offre une pure merveille. Un cadeau orné de grands yeux noirs et d'un sourire qui efface peu à peu la brûlure des épreuves : une petite fille ! D'un coup d'un seul, elle devient ma raison de vivre. Celle qui passe avant tout, celle que je protégerai de toutes les bombes et de tous les camions du monde. Pour assurer son éducation et celle de ses petits oncles, il faut travailler à temps plein. Alors il faut s'y résoudre : abandonner la fac. C'est la seule solution. Pas question pour autant de jeter mes rêves à la poubelle. J'arrive à me persuader que je finirai bien par devenir journaliste free-lance. Que j'y arriverai quand même. Un jour, plus tard, peut-être. Ou peut-être pas, on verra... En attendant, je cumule les boulots. Puis je décide de monter une entreprise d'import-export dans le textile : je vais à la chambre de commerce où l'on m'explique comment faire un business-plan, je commence à avoir des clients, c'est lucratif dès le début. Puis de plus en plus. Parfait quand on élève seule un enfant.

Ma fille me comble au-delà de ce qui est imaginable. Et pourtant, j'ai ce vide qui, peu à peu, se creuse au fond du ventre : je ne me sens pas d'*utilité publique*. J'essaie de balayer cette sensation tant que je peux. Après tout, pourquoi me torturer ainsi la tête ? Ne suis-je pas utile en apportant à ma fille la meilleure éducation possible, grâce notamment aux belles valeurs transmises par mes parents ? Je sens que, pourtant, ça ne me suffit pas. Qu'il me faut plus, pour pouvoir offrir davantage à mon enfant : une maman vivante, animée par quelque chose qui la dépasse. Un idéal, et tant pis si c'est un gros mot aujourd'hui ! Cet idéal – être utile aux autres – que je ressentais dans les yeux brillants de ma mère, lorsqu'elle me racontait, de retour à la maison, le bonheur éprouvé d'avoir pu aider les femmes en difficulté de son association. Parfois, c'était juste un gâteau qu'elle avait cuisiné et partagé avec elles. Ou une robe, dessinée puis cousue pour l'offrir à une voisine qui n'avait pas les moyens de s'en offrir une. Mais c'était l'occasion pour ma mère, surtout, d'écouter ces femmes, de délier leur parole, de leur offrir de l'empathie. Comme j'étais fière d'elle alors.

Et moi, lorsque je lui raconterai ma journée de travail, qu'aurai-je à offrir à ma fille qui soit un peu plus qu'un bon salaire rapporté à la maison, qui puisse la rendre fière de moi ? Parfois, je me le demande. Mais je continue à tracer. Pas le choix.

Et puis un jour, une étoile sur ma route. Une rencontre. De celles qui changent votre vie, du jour au lendemain.

Ce soir-là, il y a du bruit et des éclats de voix dans la cage d'escalier de mon immeuble, dans un quartier plutôt préservé du centre de Lyon. J'ai la chance désormais, à force de travail, de vivre confortablement, essentiellement au milieu de cadres moyens sans histoires. Ou presque.

Car lorsque je sors sur le palier pour aller voir ce qu'il se passe, je découvre que des fonctionnaires de police sont en intervention pour des violences conjugales dans un appartement en face du mien.

J'observe la scène, j'admire leur calme et leur fermeté tout à la fois. Mon voisin est emmené. Je ne peux m'empêcher d'entamer la conversation avec l'un des policiers qui restent pour finir les constatations. Il est tellement différent de l'image que je me fais des flics : à l'époque, après avoir grandi au milieu d'une jeunesse de quartier haïssant les *condés*, les *lardus* comme les appellent les gones de Lyon, je les range tous dans le tiroir des rustres et des brutes. Comme quoi, personne n'est à l'abri des préjugés ! Le tout est d'être suffisamment curieux pour ne pas s'y laisser enfermer... Ce jeune lieutenant stagiaire avec lequel je parle a un visage enfantin, très poupon. Ce contraste entre mes *a priori* et la réalité me saisit. Et surtout, son regard enflammé me touche humainement, profondément.

Il m'explique que pour lui, c'est une mission de lutter contre les violences conjugales. Qu'il ne peut pas supporter ça, que cette injustice est ignoble, qu'il est hors de question de laisser ce type s'en sortir. Je regarde ses yeux briller lorsqu'il parle. Certaines font des gâteaux pour des femmes au destin effroyable, d'autres arrêtent des ordures qui battent leur compagne, peu importe, la lueur de leur regard est la même. Et là, j'ai le déclic. Une sorte d'évidence lumineuse qui me tombe dessus ! Quelque chose d'enfoui en moi ressort avec force. Moi qui voudrais tellement être journaliste, pour être utile, pour dénoncer les injustices, pour travailler à l'émergence de la vérité, je me rends soudain compte qu'en bas de chez moi des personnes font exactement cela ! Et ça s'appelle… les forces de l'ordre.

Je veux en être. Et j'en serai. Grâce au visage innocent d'un jeune lieutenant idéaliste dont je ne connaîtrai jamais le prénom.

Soustraire les visages à la haine

Je l'ai vécu avec ce lieutenant : un visage peut changer une vie. En tout cas, c'est ce que j'ai vécu. Mieux encore que les mots, un visage exprime ce qui nous habite, il parle de qui nous sommes, de ce que nous vivons. À l'interface entre nous-même et les autres, il est à la fois profondément intime et tellement social. Il est donc infiniment précieux.

Mais sachez que notre visage, à nous les policiers, ne vaut rien. Strictement rien. Un paillasson sur lequel les préjugés et la haine s'essuient les pieds.

Pourquoi ? La loi n'oblige personne à flouter nos traits sur une vidéo ou une photographie lorsque nous sommes dans l'exercice de nos fonctions (hors unités spéciales, comme le

RAID, le GIGN, la BRI[1] ou les Renseignements). Autrement dit, nous ne bénéficions pas du droit à l'image. Nos visages ne nous appartiennent pas. Ils sont en quelque sorte la propriété de l'État. Mais ce dernier veille-t-il sur eux ? Protège-t-il nos individualités et notre anonymat ?

Alain[2], qui me contacte en mars 2019, a malheureusement la réponse à ces questions.

Trois jours auparavant, ce policier est engagé sur un service de maintien de l'ordre en province. Une manifestation de gilets jaunes y est prévue, suite à la venue aussi médiatisée que houleuse de plusieurs ministres du gouvernement. La manifestation n'a pas été préalablement déclarée. Sur ordre de sa hiérarchie, Alain procède donc à l'interpellation d'un gilet jaune. Pendant l'intervention, il est filmé et photographié par des manifestants.

De retour chez lui, il découvre avec stupeur qu'une capture d'écran de son visage circule tous azimuts sur Facebook, sur Youtube et sur le site Internet des gilets jaunes de sa région. De fil en aiguille, d'un message à l'autre, d'une insulte à

1. BRI : Brigade de recherche et de renseignement.

2. Le prénom a été changé afin de préserver l'identité de ce policier.

une éructation de haine, il est bouleversé lorsqu'il réalise soudain que son nom et son lieu de domicile sont clairement identifiés. Et que ces données se répandent comme une traînée de poudre, relayées par des personnes qui le menacent des pires représailles, pis, qui évoquent leur désir de vengeance envers sa femme et ses enfants. Il porte immédiatement plainte. Puis il me contacte, en tant que déléguée syndicale.

SMS d'Alain (extraits), entre le 23 et le 27 février 2019 :

« Bonjour Linda, [...] Pour information de ce que j'ai réussi à voir, ma photo est publiée partout. Je suis marié et j'ai des enfants, que puis-je faire pour protéger mes proches ? [...] Ma photo est publiée plus de 10 000 fois déjà [...] il y a un nombre incalculable de commentaires tous plus haineux et menaçants les uns que les autres, en sachant qu'il est impossible de tous les lire au vu du nombre de partages. Le fait que je t'interpelle sur ce fait n'a pas pour but de me poser en victime, mais je ne suis vraiment pas rassuré pour l'intégrité physique de ma famille et la mienne. Je ne suis pas une personne qui veut faire parler d'elle, je veux juste être sûr qu'il ne nous arrivera rien, mais je pense que c'est maintenant impossible [...].

« Cette situation est invivable, mon épouse est complètement paniquée, je suis complètement investi dans mon travail mais je pense que je mérite un minimum d'aide et de compassion… »

Je tente de le rassurer et l'oriente vers notre délégué régional.

Ma réponse à Alain :

« Je sais qu'il faut un seul fou pour un drame. […] Malheureusement, notre administration n'a aucune compassion pour ses agents et n'aide pas. Sinon, nous n'aurions pas de raison d'exister. […] Le régional dont je t'ai parlé va voir avec notre cabinet d'avocats si on peut, nous, en tant que syndicat, se substituer au ministère. »

Après le dépôt de sa plainte, et en attendant que la justice fasse son travail, Alain signale ce harcèlement numérique auprès de la plateforme Pharos. Rien ne bouge pendant des semaines.

SMS d'Alain, 2 avril 2019 à 3 h 07 (visiblement, le pauvre a du mal à dormir…) :

« Bonjour Linda. […] Je me permets de revenir vers toi car mon affaire n'avance pas et est tombée à mon grand regret dans les oubliettes. […] Mon dossier est suivi par […], un délégué chez vous qui fait du super boulot, il prend des nouvelles chaque semaine, etc., mais je pense qu'il est un peu limité dans ses actions. Pour info, j'ai été reçu par le DDSP[1] adjoint qui n'en avait absolument rien à foutre, en m'indiquant qu'il ne fallait pas que ma femme s'inquiète, que lui avait déjà reçu ce genre de menaces, bla bla bla… […] Je veux que l'ensemble des protagonistes mis en lumière dans cette affaire répondent de leurs actes. Je fais mon métier avec certaines convictions et une très grande motivation, dans le but d'amener chaque suspect devant la justice. Demain, si je fais le moindre écart sur la voie publique, je devrai immédiatement rendre des comptes. Plusieurs auteurs sont clairement identifiés dans cette affaire. […] Si de ton côté tu as des moyens de faire bouger les choses, je suis preneur… »

Nous avons évidemment continué à prendre son affaire en main et à activer les leviers nécessaires. Mais son directeur départemental n'a pas voulu prendre la situation au sérieux. Ainsi donc, un policier dans l'exercice de ses fonctions ne peut pas s'opposer à la diffusion de son image, son visage « appartenant » à l'État ; mais dès lors qu'il est attaqué dans son individualité par le biais de ce visage livré en pâture sur les

1. Directeur départemental de la Sécurité publique.

réseaux sociaux, l'État… soudain se désolidarise en se mettant aux abonnés absents ?

Heureusement, certains directeurs prennent les choses à cœur. Karim[1], quant à lui, est un collègue filmé dans une cité pendant une intervention auprès de jeunes violents, quasiment du même âge que lui. Son frère me contacte, très inquiet. Même histoire qu'Alain : dans les minutes qui suivent l'opération, son visage sur Twitter, Facebook, Instagram, Snapchat…, en photo et en vidéo. Plusieurs millions de vues. Et son domicile identifié. La réaction de son directeur départemental est immédiate et responsable, comme nous le constatons dans les messages qu'il nous fait parvenir dès le lendemain : « Je partage votre préoccupation sur cette situation intolérable dont j'ai pris connaissance dès ce matin. Nous la prenons évidemment très au sérieux et plusieurs choses ont été faites à ce stade. » Il a notamment fait prendre la plainte de Karim, a suivi de près l'évolution de celle-ci : « Un aboutissement proche pourrait avoir lieu vis-à-vis de certains individus présents lors du contrôle. » Il a saisi la plateforme Pharos pour faire supprimer les liens vers les vidéos diffusées,

1. Le prénom a été changé afin de préserver l'identité de ce policier.

a mis en rapport le collègue avec la psychologue de la direction, car il a senti l'anxiété de Karim, qui se dit « atteint dans son honneur ». Il a également mis en place des patrouilles fréquentes et discrètes près du domicile de sa famille et, malgré le refus du jeune homme, « pugnace et professionnel », il a insisté pour qu'il prenne une autorisation spéciale d'absence, afin de retrouver le calme auprès de ses proches. Comme quoi, lorsque la hiérarchie veut, elle peut. Et je salue de tout cœur l'action de ce directeur départemental.

Les cas d'Alain et de Karim ne sont évidemment pas isolés. Je suis en colère de ne pas pouvoir les aider autant que je le souhaiterais : la plupart des collègues n'ont pas pu faire effacer les photographies ou les vidéos où ils apparaissaient. Car aujourd'hui la liberté de l'information prime sur le droit au respect de l'image ou de la vie privée des policiers. OK. Mais il faut alors pouvoir trouver le moyen de concilier cette liberté et ce droit. Or, aujourd'hui, le second est piétiné par la première. C'est là que le bât blesse. C'est donc à ce travail que je m'attelle : remonter à la source. Changer la loi.

Car la loi n'est pas adaptée au fait de société nouveau que représente la diffusion des visages de nos agents, avec pour objectif précis de provoquer haine et violence à leur égard. Malgré les dépôts de plainte d'Alain et de nombreux autres, l'indifférence ministérielle et l'absence de mesures de justice me donnent à croire qu'il faut s'adresser ailleurs. Tout au long de l'année 2019, j'interpelle donc députés et sénateu rs de tous partis politiques. Et je rédige des arguments pour les inciter à modifier la loi. Au début du mois de décembre, Jean-Pierre Grand, sénateur LR de l'Hérault, adhère à notre inquiétude. Dans le cadre de la proposition de loi de lutte contre la haine sur Internet (dite loi Avia), il présente un amendement modifiant la loi de 1881 sur la liberté de la presse, par cet ajout : « Lorsqu'elle est réalisée sans l'accord de l'intéressé, la diffusion, par quelque moyen que ce soit et quel qu'en soit le support, de l'image des fonctionnaires de la Police nationale, de militaires ou d'agents des douanes est punie de 15 000 euros d'amende. »

Immédiatement, les adeptes de la haine antipoliciers s'insurgent et fustigent ce texte : « Amendement liberticide ! », « Fin de l'État de droit ! » Se joint à ces voix le Syndicat national des journalistes. Selon lui, cette proposition de loi serait contraire à la liberté d'informer. Et une façon comme une autre d'empêcher la diffusion d'images de « violences policières ». Sauf que flouter un visage n'a jamais empêché la captation d'une intervention ! Il ne s'agit absolument pas de contraindre la liberté de la presse ou le droit des citoyens à filmer les opérations de police ou de gendarmerie. Mais seulement de protéger l'anonymat des individus. De trouver une réponse à la peur collective et légitime qui est en train de s'immiscer dans les rangs des forces de l'ordre face aux menaces qui pèsent sur leur vie privée. Combien sont-ils à être agressés dans la rue parce qu'on les y a reconnus ? Combien vivent dans la peur que leur famille soit identifiée et localisée ?

Déception : l'amendement de Jean-Pierre Grand n'est même pas proposé au Sénat ! Au motif que la proposition de loi Avia concerne la haine sur les plateformes Internet. Mais ne légifère pas sur les incitations à la violence contre les individus, même si celles-ci passent par ces plateformes. Il faut dire que le gouvernement n'était clairement pas favorable à cet amendement. Celui-ci a donc été déclaré irrecevable, avant même que la commission des lois ait été réunie : il constituerait un « cavalier législatif », autrement dit, il introduirait des dispositions n'ayant aucun rapport avec le sujet traité par le projet de loi.

Pour ouvrir le débat, le sénateur Grand demande donc un rapport sur le sujet : que représente l'impact, sur la vie des policiers, de la diffusion de leurs visages ? Demande qui, là non plus, n'est pas adoptée… ! En effet, le gouvernement ne la soutient pas, suivi par les socialistes et l'UDI. C'est dire l'intérêt général porté à nos forces de l'ordre…

Je recontacte alors Jean-Pierre Grand. Nous nous remettons à l'ouvrage. Pour proposer, non plus un amendement cette fois-ci, mais une loi à part entière. Je ne lâcherai pas l'affaire. Là non plus, je ne me fais pas d'illusions : malgré son importance capitale pour la sauvegarde d'une partie de notre patrimoine humain et républicain, ce projet sociétal n'aboutira pas de sitôt. Ce sera long mais il n'est pas question d'abandonner.

Mieux, je veux aller plus loin. Car la protection des visages ne me semble pas suffisante pour lutter contre la fureur qui menace aujourd'hui les forces de l'ordre. Je voudrais également que la provocation à la haine envers les policiers soit passible de sanctions. Si nous parvenions à cela, alors j'adresserais un grand merci… à Jean-Luc Mélenchon.

Septembre 2019. Lors d'un rassemblement pour la réforme des retraites, le président de la France insoumise lance à propos des policiers : « C'est des barbares, soyez prudents parce qu'ils ne s'arrêtent plus maintenant ! » Que croyez-vous qu'il se passe pour nous, dès le lendemain ? Sur le terrain, un regain de violence à notre égard. Une montée de haine, d'un cran encore. Cet élu de la République réalise-t-il que ses propos cautionnent les agressions commises quotidiennement à notre encontre ? Qu'ils valident les messages de menaces que nombre d'entre nous reçoivent chaque jour, messages anonymes souvent signés « ACAB », pour *« All Cops Are Bastards*[1] *»* ?

En réponse à Jean-Luc Mélenchon, le ministre de l'Intérieur, Christophe Castaner, poste un tweet : « Inacceptable insulte à nos forces de l'ordre mobilisées, chaque jour, pour protéger les Français, au péril de leur vie. Jean-Luc Mélenchon leur doit le respect, et désormais des excuses. »

Les excuses, c'est parfait, mais ça n'empêche pas de recommencer… Unité SGP Police décide de prendre plus sérieusement les choses en

1. Slogan antipolice popularisé pendant la grève des mineurs britanniques de 1984-1985 et signifiant « Tous les policiers sont des salauds. »

main : nous portons plainte contre Jean-Luc Mélenchon. Je poste un tweet le même jour : « Après notre demande de saisie judiciaire, Laurent Nuñez s'est engagé ce matin auprès d'Yves Lefebvre d'Unité SGP Police à ne pas laisser passer les propos haineux de Mélenchon sans action concrète. En semant la haine, cet élu est un danger qui fait oublier les vrais problèmes du pays. »

J'aimerais avoir tort, mais je me doute bien que cette plainte tombera dans les oubliettes où se sont noyées celles d'Alain et d'innombrables collègues, accessoirement, la mienne aussi.

Je suis donc actuellement en train de travailler à une autre proposition de loi : faire sanctionner l'incitation à la haine envers notre corps de métier, comme celle de Jean-Luc Mélenchon. Et pour ce faire, ajouter un amendement à l'article 24 de la loi du 29 juillet 1881, qui prévoit de punir ceux qui auront « provoqué à la discrimination, à la haine ou à la violence à l'égard d'une personne ou d'un groupe de personnes à raison de leur origine ou de leur appartenance ou de leur non-appartenance à une ethnie, une nation, une race ou une religion déterminée ».

Embrasser la profession de policier, nous mettre au service de la République, c'est le fruit de notre choix. Comme celui d'adhérer à telle ou telle religion. Et ce n'est pas parce que nous avons opté pour ce métier que nous devons être une cible pour toutes les rancœurs de France. Dont celles de M. Mélenchon.

Ces deux lois, protection de l'anonymat de nos visages et sanctions pour incitation à la haine, seront-elles votées un jour ? Je l'espère de tout cœur. Députés, sénateurs, entendez-nous ! Que l'on nous exècre, personne ne peut l'empêcher, et, après tout, c'est la liberté de chacun. Mais interdisez que ce poison soit comme la cigarette ou l'alcool : une drogue étatisée qui deviendrait la norme, qui infiltrerait la presse et les réseaux sociaux en toute impunité jusqu'à parvenir au seuil de nos portes. Derrière lesquelles, croyez-moi, elle fait des ravages.

À l'école des gardiens de la paix

Le soir où il est intervenu dans mon immeuble pour des violences conjugales, ce jeune lieutenant a changé ma vie.

Au moment où je ferme derrière lui la porte de mon appartement, je sais déjà que je ferai ce métier-là. Je n'ai pas besoin de longues heures de réflexion ou de doutes. C'est un choix évident, enthousiaste, solaire. Venir en aide aux autres. Veiller à la sécurité des individus. Sans elle, pas de liberté d'expression. Or, la liberté d'expression, j'y suis particulièrement sensible. Je veux transmettre à ma fille la certitude que l'on peut être soi, dans le respect de l'autre et en toute sécurité. Ou, dit autrement, que l'on doit pouvoir sereinement conduire sa voiture quand bien même elle est immatriculée dans un pays abhorré par certains… Je voudrais jouer mon petit rôle dans la protection de cette liberté : cela ne me semble pas avoir de prix. Certes, il y a cette entreprise en import-export que je viens de créer, les clients sont de plus en plus nombreux, je commence à bien gagner ma vie, mais j'ai toujours cette vague sensation d'être habitée par une sorte de vide. Or, cette perspective de devenir utile me donne soudain des ailes : quelque chose en moi bouge, s'agite, me pousse en avant. Me remplit !

Dès le lendemain, je me renseigne. Et à Lyon, je pousse la porte d'un bureau, celui du Secrétariat général pour l'administration du ministère de l'Intérieur (SGAMI). Deux options se présentent à moi : passer le concours d'officier ou bien celui de gardien de la paix. Là non plus, je n'hésite pas. J'opte pour le concours de gardien de la paix. Je veux commencer au plus bas de l'échelle pour être certaine d'être sur le terrain et au contact des gens. Je veux être au plus près de la misère sociale, c'est là que je veux apporter ma pierre. Ensuite, plus tard, quand j'aurai vécu, senti et compris le terrain, je passerai les examens qui me permettront peut-être de devenir officier. On verra…

1er février 2006 : je suis admise à l'École nationale de police. Avec, dans la tête, des idéaux tous plus naïfs les uns que les autres ! Dans un an, après l'école, « je m'y vois déjà », comme dirait la chanson : j'aiderai des victimes, j'arrêterai des voleurs, je contribuerai à les mettre au ban de la société le temps qu'ils se réhabilitent dans une prison pour ne plus récidiver..., bref, je ferai appliquer la loi et la justice ! Et puis, c'est sûr, je ferai partie d'une institution où chacun est bienveillant, animé des mêmes convictions que le jeune lieutenant au visage poupon qui voulait se battre contre les violences conjugales. Un corps de métier comme une famille, au fond. Une grande et belle famille, telle que je l'imagine. Alors peu importe si je dois lâcher mon affaire d'import-export. Et si je vais gagner mille trois cents euros par mois pendant cette formation. Ça fait juste quand on a un enfant à élever. Mais je suis heureuse de le faire.

Finalement... quel cauchemar ! Cette année consacrée à apprendre mon nouveau métier se révèle, oui, un véritable cauchemar...

L'école de police se passe en internat, à Fos-sur-Mer[1]. Fait rare parmi les élèves, tous très jeunes, je suis maman. Pendant la semaine, je suis donc obligée de mettre mon bébé en nourrice auprès d'une femme, qui se trouve aussi être la mère d'amies que je connais depuis longtemps. Je n'aurais pas imaginé vivre aussi mal cette séparation. Et ma fille ne l'accepte pas bien non plus. Chaque

1. Cette école est fermée aujourd'hui.

lundi, j'attends le vendredi avec la gorge nouée, et chaque dimanche, je ravale mes larmes en la quittant. Par ailleurs, n'ayant ni père ni mère pouvant m'accueillir chez eux, je suis obligée de garder mon appartement à Lyon, pour pouvoir y loger le week-end. Un loyer qui s'ajoute donc aux frais de nourrice, de voyage, de scolarité, d'entretien de ma fille… Difficile de joindre les deux bouts.

Des mégots, de partout et tous les matins. Est-ce pour ça que j'ai tout quitté, que je sacrifie une année précieuse avec mon enfant ? C'est la règle : avant le rituel de l'appel aux couleurs, les élèves policiers doivent ramasser les mégots qui traînent dans le campus de l'école. Un campus complètement dégradé. Les baraquements abritaient auparavant des habitations de fortune destinées aux hommes ayant construit la raffinerie de pétrole, juste à côté. Les logements sont insalubres, l'eau coule difficilement, la saleté règne. Mais, pour une raison que j'ignore, il faut ramasser les mégots le matin : la cour, elle, doit être nickel ! Je ne fume pas, je déteste l'odeur de la cigarette, c'est probablement cette dernière qui a tué mon père. Et je me retrouve loin de ma fille pour, à l'aube, devoir obéir à une mesure grotesque, d'un autre âge, si peu hygiénique, et surtout, terriblement dégradante. Après ce petit rituel, je salue le drapeau français avec sincérité et ardeur. Mais commencent déjà à pousser en moi les germes de la colère.

La colère, à cette époque, elle vient parfois me visiter. Je ne maîtrise pas encore l'art de l'utiliser comme un carburant ! Elle n'est pas impulsive, mais intérieure, elle bout en moi. En général, elle n'est pas dirigée contre des individus mais plutôt contre des systèmes lorsqu'ils sont injustes. Et le système de l'école de police m'irrite au plus haut point : les petits abus de pouvoir de certains formateurs, la partialité, la délation... Je tombe de ma chaise.

Exemple : à cette époque, chaque élève est noté pour son comportement, c'est ce qu'on appelle la « note de gueule ». Très bien. Mais chaque école de police de France doit faire la moyenne de toutes les notes de comportement qu'elle a attribuées à l'ensemble de ses élèves ; et cette moyenne par établissement ne doit pas afficher plus de quinze. Pourquoi ? Mystère du système. Résultat : c'est la course aux petits mouchardages et grandes dénonciations, les places bien notées étant chères car peu nombreuses (rappelez-vous : ne surtout pas dépasser quinze pour toute la promotion)... Je n'ai pas la moindre envie de participer à ce marathon où favorites et favoris se poussent des coudes pour franchir la ligne d'arrivée avant les autres. Et je me retrouve... avec dix en « note de gueule ».

Pas terrible. Mais je n'arrive pas à faire profil bas devant ce système partial. Je découvre pendant cette année à quel point, en moi, l'injustice ne passe tout simplement pas.

Des anecdotes d'école, nous en avons tous. Mais lorsque celles-ci trahissent un fonctionnement qui en dit long sur celui des garants de la République, alors elles sont un peu plus que de simples histoires d'étudiants.

Comme ce jour-là. Appel sur la place d'armes après le cours de sport. Nous sommes quatre-vingts élèves de ma promotion. Deux garçons arrivent en retard, essoufflés : comme les autres, ils ont voulu prendre leur douche après la séance de sport obligatoire. Mais avec une douche pour trente élèves, c'est compliqué. Donc retard. Donc sanction : tout le monde consigné pendant le week-end.

Un peu finalement comme si nous étions des militaires en opération très spéciale, et non pas simplement (il faut raison garder) de futurs gardiens de la paix. Je me dresse face au système : ces deux garçons auraient été à l'heure si nous disposions d'un nombre de douches suffisant ! Pourquoi nous punir tous lorsqu'à la base c'est le système qui est en faute ? Pas assez de douches ? OK ! Alors laissez plus de temps aux élèves. Accessoirement, j'exprime également le fait que je suis mère, en famille monoparentale : j'ai des obligations, ma petite fille m'attend à Lyon. Mais le système reste sourd à mes revendications. Un chef d'unité de formation me dira même : « T'as qu'à avoir des parents ! » Un sentiment d'incompréhension m'envahit : comment, au sein même de la police, peut-on être sanctionné pour quelque chose d'injuste, alors même que nous sommes formés à servir la justice ? Le système est inique, faut-il pour autant ployer ?

Vendredi, à la fin de la journée, une voiture entre par le portail de l'école. Au volant, mon amie, fille de la nourrice. Au pied de la banquette arrière, cachée sous un drap, mon enfant, amusée de jouer une évasion à contresens. Avec la complicité de certaines élèves, elle passe le week-end entier dans ma chambre. Je la confie à des camarades de section lorsque vient mon tour de patrouille pédestre : je me suis inscrite au quart qui s'échelonne pendant qu'elle dort, entre une et quatre heures du matin. Et lorsque je rentre, je ne me lasse pas de regarder ses longs cils noirs. Personne, en dehors de mes camarades de dortoir, n'aura jamais connaissance de la présence, en ces murs, de ma jolie clandestine…

Bien sûr, les cours sont satisfaisants au niveau théorique. Bien sûr, j'y apprends mon métier. Mais au-delà de ça, ces huit mois à Fos-sur-Mer me font toucher du doigt et du cœur quelques trésors que je garde toujours précieusement en moi. Mon refus d'adhérer à l'injustice. Ma capacité naissante à me lever pour exprimer ce refus. Et plus inestimable encore, plus fort que les obstacles de la vie : le sens de l'entraide.

Moi qui me suis beaucoup battue seule jusqu'à maintenant, je suis profondément touchée par le secours apporté par mes camarades de section lorsqu'elles me couvrent pour que je puisse voir celle qui est ma respiration, mon étoile : mon enfant. Elles n'imaginent pas alors le cadeau qu'elles me font.

Et puis, il y a aussi, et surtout, la nourrice de ma fille.

Après un mois d'école, elle m'annonce sa décision : « Linda, je ne veux plus que tu me paies pour garder la petite. Il faut que tu sois concentrée sur tes études et que tu ne passes pas ton temps à t'inquiéter pour l'argent. On va se débrouiller ! »

Je découvre alors que ma fille a une grand-mère. Et que nous ne sommes plus seules. Sans cette femme au cœur d'or, c'est très simple : je n'aurais pas tenu, ni financièrement, ni peut-être même psychologiquement. Sans elle, aujourd'hui, je ne serais pas flic.

Grâce à elle, grâce à mes camarades, le sens de l'entraide s'imprime dans ma chair.

Un procès pour un pavé

S'épauler les uns les autres face à l'adversité. Je connais toute la valeur de ce soutien, pour l'avoir reçu à un moment crucial de mon parcours. L'offrir à d'autres, c'est peut-être une façon d'exprimer ma reconnaissance envers la vie. C'est en tout cas le sens et la beauté de ma mission de syndicaliste.

Et en ce 21 novembre 2019, cette mission, nous sommes six membres d'Unité SGP Police (dont le secrétaire général Yves Lefebvre) à la vivre douloureusement : ce jour-là, nous sommes aux côtés de Ryad[1].

Avec tristesse et colère, je regarde cet homme. Il est assis, seul, sur le banc des accusés. Tête baissée. Il a quarante-quatre ans, il est CRS à la

1. Le prénom a été changé afin de préserver l'identité de ce CRS.

27, près de Toulouse. La presse est aux abois : après les nombreuses plaintes pour « violences policières » déposées depuis le début de la crise des gilets jaunes, Ryad est le premier membre des forces de l'ordre à comparaître. Il a lancé un pavé en direction de manifestants, boulevard de l'Hôpital, dans le 13e arrondissement de la capitale. Personne n'a été blessé, mais au tribunal de grande instance de Paris, ce procès est sous très haute surveillance médiatique et populaire. Il le sait et la pression est trop forte pour cet homme seul. Difficile de se retrouver accusé, face à cette justice qu'il tente jour après jour de servir, face à ce public en train de le conspuer alors qu'il risque sa vie au quotidien pour essayer de sauver celle des autres. Je suis heureuse d'être là, humainement et syndicalement. Et je tente de le soutenir du regard.

Les faits ont eu lieu le 1er mai 2019. Un juge lit un rapport sur la « dureté du cortège » à laquelle a été confrontée ce jour-là la compagnie de CRS de Ryad. Des « attaques du début à la fin », « un des maintiens de l'ordre les plus difficiles rencontrés pendant la vague des manifestations »...

Le capitaine à la tête du groupe auquel appartient Ryad vient déposer à la barre. Il raconte comment ses hommes ont entamé chaque journée, celle-ci comme les autres, dans « un esprit républicain. Et non pas revanchard, comme on a pu l'entendre », affirme-t-il en se tournant vers le carré des journalistes. Ce jour-là, les dégradations et les attaques contre les policiers ont engendré une situation tellement catastrophique que le service d'ordre de la CGT lui-même, débordé par les violences, est venu voir cet officier pour lui demander de sortir son cortège de la manifestation. Il évoque ensuite les « combats », les cocktails Molotov « à bout portant », la façon éminemment violente dont les CRS ont été pris à partie par les black blocs et les ultra-jaunes. L'omoplate écrasée du binôme de Ryad, malgré les protections ; le genou fracturé d'un gardien de la paix, sur qui a été lancé un panneau de signalisation. La propre blessure de ce capitaine, que celui-ci relate presque à contrecœur, pudeur de flic oblige : un pavé sur son casque qui cède, le sang qui gicle, fracture de la boîte crânienne, enfoncement de l'os, trente points de suture. Il ne s'y attarde pas et préfère parler de Ryad.

— Ryad, il a donné plus que sa personne, explique-t-il. Au moment où il lance le pavé, c'est un geste de défense, j'en reste convaincu.

— Pas un geste de ras-le-bol ?, interroge le juge.

— Non, monsieur le président. Parce que le ras-le-bol, on l'avait déjà bien avant. Tout le monde est usé, du directeur des CRS aux hommes de terrain. Ça fait un an, on n'en peut plus.

Les témoins, les collègues, les supérieurs hiérarchiques de Ryad, le directeur technique des CRS…, tous sont hués pendant leurs déclarations par le public présent dans la salle d'audience. Ou traités de menteurs si leurs propos se révèlent être en défaveur des émeutiers.

Puis Ryad est appelé à la barre.

Il parle de famille, d'esprit d'équipe, de cohésion, de solidarité : toutes ces valeurs des compagnies républicaines de sécurité qui ont motivé son engagement, malgré les conditions difficiles de ce métier, les contraintes sur la vie de famille, les déplacements multiples... Le juge aimerait mieux comprendre ce quotidien de CRS et lui demande un exemple.

Ryad n'a pas à chercher bien loin dans sa mémoire. Après une mission Vigipirate sur la capitale qui avait duré quinze jours, se souvient-il, lui et ses collègues ont appris le 30 avril qu'ils ne pourraient pas retrouver leurs proches. Qu'ils devraient sécuriser la manifestation du 1er mai. Il l'affirme, calmement, comme une évidence : le sens du devoir a alors largement pris le dessus sur le désir pourtant vif de retrouver les siens. « On est là », dit-il sobrement.

Le jour J, poursuit-il, les CRS ont été équipés « en lourd » : casques, jambières... La dotation de chacun a été modeste, car pas question de se surcharger : pour chaque homme, « deux grenades lacrymogènes MP7 et une grenade de désencerclement GMD ». Les effectifs ont pour instruction de former un barrage ferme quelques dizaines de mètres en avant de la manifestation, et d'avancer en même temps que celle-ci. Mais au matin, mille cinq cents black blocs ont été annoncés sur le parcours. « On sait alors que la journée va être longue et dure. Et puis à un moment, ils sont arrivés. En groupes, en blocs compacts. Tous vêtus de noir. »

Tous vêtus de noir, oui. Ces habits sombres, raconte Ryad, les black blocs ont pour habitude de les ôter rapidement pour enfiler à la place une tenue de ville classique, avant de déguerpir une fois leurs méfaits commis, comme le prévoit leur code du déshonneur. Et tant pis s'ils abandonnent derrière eux ceux qu'ils ont entraînés dans leurs violences, ces ultra-jaunes radicalisés qui ne connaissent pas cette méthode de fuite et sont alors interpellés.

Depuis la barre, le CRS continue de nous faire revivre ce 1er mai d'enfer. Sous le ciel d'un après-midi presque ensoleillé ont continué à pleuvoir barres de fer issues des structures de protection pour piétons, panneaux de signalisation, pavés... Les grenades lacrymogènes ont manqué, car il a été particulièrement difficile d'être réapprovisionné pendant la journée : l'acheminement des munitions a été compliqué du fait de la situation de blocage et de chaos.

Un « belligérant » a soudain pris Ryad à partie, le poussant à terre. C'est alors qu'est intervenu le capitaine de sa compagnie : il s'est dirigé vers lui pour l'aider, mais à ce moment précis il a reçu un pavé sur la tête. La voix de Ryad se serre en évoquant la scène. Il était 16 h 47. Il raconte comment il a tenté de relever son officier en sang et de le tirer pour le mettre à l'abri. Il n'y est pas parvenu, des collègues sont venus le renforcer, d'autres ont lancé des grenades pour créer un nuage de gaz lacrymogène entre eux et les attaquants. L'officier a alors été extrait et emmené d'urgence à l'hôpital. En écoutant Ryad, je comprends qu'il est traumatisé, non pas dans sa chair, mais dans sa tête, où semble l'envahir le souvenir de ce capitaine lourdement blessé « à cause de moi ». Au juge, il le confirme, cet évènement l'a profondément affecté.

Sous les lumières douces de cette salle d'audience flambant neuve, aux couleurs claires et apaisantes, l'évocation de cette journée semble prendre feu à mesure que le juge lit les rapports qui détaillent la suite des évènements. Voitures incendiées, caillassage, projectiles sur les bâtiments et les hommes, cocktails Molotov qui ont manqué d'enflammer les CRS, barricades de flammes devant le commissariat de police du 13e arrondissement, attroupements sauvages de black blocs ici et là... Badauds et manifestants s'en sont pris aux CRS, si près d'eux que ces derniers ont dû les repousser des mains. 17 h 02, un CRS casqué s'est pris un pavé, il s'est effondré. Dans les minutes qui ont suivi, les pompiers qui l'ont secouru ont dû le faire sous une pluie de pavés. « C'est presque une scène de guerre civile », admet le juge. Avant d'en venir au fait dont Ryad est accusé.

En fin d'après-midi, il reçoit un pavé sur sa jambière. Pour permettre son repli, il lance une grenade lacrymogène. Son binôme, à ses côtés, lui tourne le dos pour recharger son lanceur de grenades, c'est alors qu'il reçoit lui aussi un pavé. Avant que Ryad ait le temps de le protéger. Blessure à l'omoplate. Ryad comprend tout de suite la situation. Son seul objectif : ramener le collègue et le mettre à l'abri derrière une ligne formée par d'autres CRS. C'est son rôle de binôme : il le veut et il le doit. Alors il ramasse un pavé à terre, reçu quelques secondes auparavant. Et il le lance sur une zone neutre : derrière un bosquet, « alors que le groupe hostile face à nous a été scindé en deux », explique-t-il. Et il met aussitôt son binôme à l'abri. Son geste ? Une nécessité pour provoquer le recul des manifestants afin d'aller au contact du collègue. Un repli défensif, nécessaire...

Le président l'interrompt et lui rappelle les règles juridiques de la légitime défense : nécessité, proportionnalité, simultanéité. Ryad rétorque que la blessure de son binôme nécessitait une réaction alors qu'il n'avait plus de grenades. Pour lui, c'est « à cet instant T et au vu du contexte, le geste qu'il fallait faire ».

— Mon terrain est différent du vôtre, rétorque le président. Le mien, c'est une salle d'audience. Nous avons aujourd'hui trois heures, dans une salle au calme, pour juger un geste pour lequel vous n'avez eu que quelques secondes de réflexion. Mais ce temps est nécessaire pour une justice *in concreto.*

La scène du pavé lancé a été filmée et publiée sur les réseaux sociaux. Le juge évoque l'impact ravageur que ces vidéos ont eu sur l'opinion publique, sur l'image de la police et des CRS.

— Je le sais, et croyez-moi, ça me fait encore mal, répond Ryad en baissant la tête. Je suis suivi psychologiquement. Autant pour le traumatisme de la blessure de mon capitaine que pour celui de ce pavé lancé…

La procureure plaide. Elle insiste sur ce pavé qui n'a pas fait de victimes. Mais elle qualifie le geste du policier comme le reflet des violences des black blocs et des ultra-jaunes. Je suis effondrée : elle n'a pas compris que, lorsqu'il n'y a plus de grenades, la légitime défense doit parfois se débrouiller avec ce qu'elle a. D'ailleurs, personne n'a remis en cause le fait que Ryad était à court de munitions. Le problème n'est donc pas tant qu'il ait lancé un projectile, mais plutôt que celui-ci ait été la seule chose qu'il ait trouvé pour protéger son collègue : un pavé. Et l'image n'est pas belle. La procureure requiert trois mois avec sursis.

L'avocat de la défense, lui, en appelle à l'aspect strictement juridique, nonobstant le regard sociétal. Trois secondes de l'existence d'un homme, Ryad, expliquant son geste en invoquant la légitime défense. Ryad, félicité quelques années auparavant pour avoir porté assistance à une victime, touchée d'une balle dans un quartier difficile, morte dans ses bras. Ryad, médaillé pour avoir évacué et sauvé la vie de plusieurs personnes lors d'un feu de forêt sous vents violents à Ajaccio.

Le jugement est mis en délibéré. Rendez-vous le 19 décembre 2019.

Peu à peu, la salle d'audience se vide. Je décide de saisir le bâtonnier encore présent et réussis à obtenir que Ryad ne prenne pas l'issue principale (des dizaines de caméras l'y attendent) mais qu'il passe par la souricière. Pendant que nous attendons sa sortie, une femme s'approche de moi et m'apostrophe violemment : « Vous, vous me foutez la haine ! » me lance-t-elle. « Oui, j'ai la haine, parce que vous parlez trop ! » Par expérience, je sais qu'il ne faut rien lui répondre, je tourne la tête.

Un mois plus tard, le verdict tombe : deux mois de prison avec sursis. Ryad, condamné pour l'exemple. Parce qu'il a eu la malchance d'être le tout premier flic à passer en correctionnelle pour des faits en lien avec les manifestations de gilets jaunes. L'opinion publique a besoin d'une condamnation, et tant pis si la culpabilité de ce CRS n'a pas été établie d'un point de vue juridique.

Ce que je retiens de cette triste affaire, c'est qu'en voulant protéger son binôme, Ryad a été sanctionné pour avoir eu ce qui me touche le plus dans notre profession : l'esprit de corps.

Cet esprit de corps qui est l'un des piliers de la police : comment tenir dans ce métier difficile si l'on ne s'aide pas, si l'on ne vient pas au secours les uns des autres face aux dangers auxquels nous sommes quotidiennement confrontés ? Nous ne sommes pas des machines, sans peur ni angoisse. De la violence, nous en mangeons tous les jours, jusqu'à la nausée parfois. Comme les casques et les jambières, notre esprit de corps est notre armure : autant psychologiquement que physiquement, il nous rassure et nous protège, il nous relève lorsque nous sommes à terre.

Il est le garant de notre survie.

À l’école de l’esprit de corps

Fin de l’école de police. Et première affectation. Ce soir-là, je suis à l’extérieur d’un HLM. Je me dirige vers notre voiture de police pour aller y chercher des papiers. Il fait presque nuit. Soudain, je perçois un sifflement strident, juste derrière moi. Un souffle puissant. La seconde d’après, la collègue de patrouille qui m’accompagne me tire le bras et un objet s’écrase lourdement au sol à quelques centimètres de nous. Immédiatement, elle lève les yeux vers le HLM et identifie la fenêtre d’où a été lancé le projectile. Une bobine de cuivre, issue d’un tambour de machine à laver, d’au moins trois kilos, projetée depuis le sixième étage. Ma collègue et moi, nous nous regardons. Elle m’a sauvé la vie.

L’esprit de corps est le garant de notre survie.

Fraîchement diplômée de l'école des gardiens de la paix, je suis affectée à Créteil, dans le Val-de-Marne, au sein d'une brigade de police secours. Ce jour-là, nous avons été appelés dans un quartier difficile, pour le décès d'un homme âgé, mort dans son bain. La bobine de cuivre aurait pu me tuer. Que serait devenue ma fille ? C'est la première question que je me pose et que je ne vais cesser de me poser pendant les jours suivants. Je n'arrive pas à comprendre ce geste. Nous venons pour constater un décès et tenter d'apaiser une famille en souffrance : ces premiers mots et gestes d'empathie sont psychologiquement essentiels, ils sont les premiers jalons sur le chemin du deuil. Et pourtant, dans ce contexte-là, je fais connaissance avec la haine aveugle. Cette haine qui se fout de savoir que des êtres humains sont dans la détresse et ont besoin de notre soutien et de notre conseil. Le lendemain, mes collègues du service d'investigation du commissariat, également touchés par cette histoire, effectueront une perquisition dans l'appartement d'où a été lancée la bobine de cuivre. Mais ni les indices découverts sur place ni les intimes convictions ne sont des preuves. Il n'y aura pas de poursuites.

Je suis donc enfin gardienne de la paix. Et jour après jour, je fais connaissance avec la haine et la violence. Celles qui opposent les êtres humains et ravagent leurs vies. Celles aussi dirigées à notre encontre. Face à ces dernières, je m'interroge : quelles en sont les raisons ? Je le comprendrai plus tard, peu à peu. En attendant, à aucun moment pendant ces premiers mois d'affectation, je ne crains de m'être trompée de voie. Malgré ce monde terrifiant que je découvre, je reste sûre de mon choix. Et ce, grâce vraiment... à l'esprit de corps. Dès le début de mon métier de flic, je me rends compte qu'il me protège, bien sûr, mais cela va au-delà. Face à l'adversité, une sorte de cohésion se tisse entre nous tous. Quelque chose qui dépasse largement nos individualités et qui donne du sens à mon engagement dans les forces de l'ordre. L'esprit de corps est peut-être la plus belle chose qui soit au sein de notre institution.

J'aime beaucoup ma toute première brigade. Une vingtaine de personnes entre lesquelles règne une bonne entente. Au début, toutes sont plutôt jeunes et je suis la seule gardienne de la paix à être mère. Je veille à ce que ma situation n'influe pas sur mon travail, et malgré celle-ci, les choses se font facilement. Et quand je dois m'occuper de ma fille, il y a toujours quelqu'un qui se propose spontanément pour faire des heures supplémentaires à ma place. Alors quand le danger m'effleure, comme avec la bobine de cuivre, je sais que je ne suis pas seule et que je peux compter sur mes collègues : aucun d'entre eux ne me laissera tomber.

Avec ma brigade, j'ai tout appris de la police. Et tout absorbé de cet esprit de corps qui nous unit.

Police secours, où j'ai été affectée, intervient aux appels d'urgence reçus au 17. Face à nous, la mort, les accidents de la route, les violences conjugales, les crises de démence, les familles dépassées par des situations sociales qui explosent, les délinquants qui vous empêchent d'entrer dans un quartier pour faire votre travail, les mamans avec leurs poussettes qui aimeraient rentrer chez elles à seize heures trente après la sortie des classes mais qui ne le peuvent pas, parce que des dealers sont en train de faire leur business et leur bloquent le passage. Ou bien encore ces pères qui nous appellent en nous disant : « Mon fils, il a dix ans, ils lui proposent cinquante euros par jour. Moi je peux pas lui offrir ça, qu'est-ce que je fais ? » Sans oublier bien sûr tous ces voyous qu'on attrape et que la justice relâche, au point que certains collègues n'en peuvent plus d'avoir l'impression de travailler pour rien. Alors un jour, l'un d'entre eux, alerté par une mère de famille avec sa poussette, épuisé, exaspéré, va bousculer un dealer dans un hall d'immeuble.

Et on l'accusera de « violences policières ».

« Violences policières »

On nous accuse parfois, nous les syndicats, d'être dans le déni des « violences policières ». C'est faux.

Il faut comprendre ceci : quand un policier commet une infraction, je ne me prononce pas en tant que syndicaliste sur son cas. Je ne déverse pas dans le débat public mon opinion personnelle. Comme tous mes homologues syndicaux, je défends uniquement les dossiers que j'estime défendables. S'ils ne le sont pas, je considère que ce n'est pas à moi d'intervenir. Les collègues ayant fauté, je les laisse en silence entre les mains de celle que je sers avec ardeur : la justice. Elle doit se suffire à elle-même. Donner mon avis ferait le jeu de ceux qui profitent de la moindre occasion pour nous lyncher publiquement.

Il n'y a donc pas de déni. Juste une réalité institutionnelle : un syndicat n'a pas pour mission de condamner un homme, dans la mesure où d'autres instances, celles de la justice, sont là pour le faire. Malheureusement, les médias et l'opinion font trop souvent office de tribunal populaire, s'empressant de condamner un flic en brandissant l'expression « violences policières ».

Cette expression, je la rejette avec force. Elle est *essentialisante*. Autrement dit, elle accole une étiquette à un collectif, celui de la police tout entière. Notre société progressiste tente pourtant de lutter contre tout amalgame, raccourci ou stigmatisation à l'égard de groupes, qu'ils soient religieux ou ethniques... Mais elle s'est allègrement engouffrée dans cette *essentialisation* qui touche aujourd'hui notre profession.

On entend souvent dire que la police est à l'image de la société qu'elle défend. J'ai envie de dire qu'il faut aller plus loin : notre institution se doit absolument d'être exemplaire. C'est pourquoi le recrutement de nos effectifs est si exigeant. Chacun d'entre nous a répondu à une enquête de moralité. Et nul ne peut prétendre à être agent des forces de l'ordre s'il a le moindre casier judiciaire ; ou s'il s'est défavorablement fait connaître des services de police ou de gendarmerie, même sans avoir été condamné. Soyons donc conscients que, de fait, nos policiers n'ont jamais commis d'infractions. Et ne devront jamais en commettre.

Mais les « erreurs de recrutement » sont évidemment possibles. L'infaillibilité à toute épreuve n'existe pas. Notre institution est composée d'humains, avec leurs parcours, leurs défauts et leurs failles. Donc, oui, il y a bien entendu des flics qui, un jour, dérapent. Il se peut que l'un d'entre nous se rende coupable d'un fait et ne fasse pas honneur à son uniforme, après des années à servir nos concitoyens et à les protéger au péril de sa vie. Mais sa faute résulte-t-elle du fait même qu'il soit policier ? Ou est-elle plutôt liée à son individualité et à son histoire ?

Associer le mot « violences » à celui de « policiers » laisse croire que ce métier nous prédispose aux déchaînements de toutes sortes et stigmatise l'ensemble des flics qui composent notre institution. Tout comme associer le mot « intégrisme » à celui de « musulmans » stigmatise l'ensemble de ce groupe religieux. Ce n'est pas la corporation tout entière qui doit être associée à tel ou tel mot, mais plutôt les cas individuels. Avec son histoire, une personne a des valeurs (ou pas), son appréciation des situations (ou pas), son éthique (ou pas), son respect des lois (ou pas)… Or, dès qu'un agent commet une violence, sans même vérifier la légitimité de cette dernière, l'opinion publique ne voit de lui que son uniforme ou son brassard, comme si l'appartenance au corps de police le prédisposait *intrinsèquement*, par nature, à exercer cette violence. Les flics souffrent d'un nombre inouï d'*a priori* sur eux, dont celui d'avoir embrassé ce métier par goût de la brutalité. Comment cette idée même peut-elle exister dans l'esprit de ceux qui nous accusent ? Je ne connais pas un seul collègue qui se lève le matin en se demandant combien d'innocentes victimes il pourrait bien tabasser dans la journée.

Par ailleurs, garants de la sécurité intérieure, policiers et gendarmes ont un monopole : l'usage de la force légitime. Or, l'amalgame niché au creux du terme « violences policières » dénie finalement le droit de l'État à avoir recours à cette force. Et cette expression aux effets pervers est abondamment utilisée pour nourrir l'idée politique qui la sous-tend : le rejet de la nature républicaine de notre pays, nommé État bourgeois par ses détracteurs. Qui, par extension, considèrent la police comme le défenseur violent de la classe dominante et comme l'ennemi des ouvriers et des classes populaires... Dommage donc que certains, dont des journalistes, ne poussent pas la réflexion plus loin lorsqu'ils emploient l'expression « violences policières » pour parler d'un cas individuel.

Ma mission de syndicaliste est donc de tout mettre en œuvre pour défendre un policier accusé de « violences », ou pour expliquer un geste malheureux. Car il y a parfois des gestes malheureux qui sont illégaux… mais pas forcément immoraux.

Je pense à Alexandre[1].

Janvier 2020, Paris. Un policier, Alexandre, est penché sur un jeune homme à terre. Et il se met à le frapper au visage. La vidéo qui montre la scène dure une poignée de secondes et, immédiatement, court sur Internet. Verdict populaire : « violences policières ». Opprobre et scandale.

Je suis également choquée par cet évènement, mais avant de me faire un avis, je prends le temps d'enquêter auprès de mes sources.

Ce samedi-là, rue du Faubourg-Saint-Martin, près de la gare de l'Est, une manifestation de gilets jaunes dégénère en émeute. Celle-ci est dirigée spécifiquement contre les forces de l'ordre en présence. Des ultra-jaunes viennent à

1. Le prénom a été changé afin de préserver l'identité de ce policier.

leur contact, les prennent à partie, leur sautent dessus. Les grenades lacrymogènes et l'air saturé de gaz ne sont d'aucun secours aux policiers car la moitié des émeutiers portent des masques à gaz.

Soudain, un jeune homme, le visage dissimulé, jette une bouteille en verre, visant un policier qui est alors atteint à l'épaule. Puis il s'en prend à un officier de la compagnie de sécurisation et d'intervention de Paris, le frappe à coups de pied et de poing, dans le dos et à la tête. Des collègues se précipitent, l'arrachent à son étreinte et le jettent au sol. C'est à ce moment que celui-ci se blesse au cuir chevelu. Il est interpellé et allongé sur le dos sans être menotté.

Alexandre, qui n'était pas du tout intervenu dans la séquence précédente, arrive vers le jeune homme, s'accroupit, soulève sa visière et lui demande, afin de déterminer l'état de sa blessure : « Ça va, monsieur ? » Car lorsque nous menons une action de police blessant une personne, nous avons la responsabilité de la prendre en charge. C'est une question d'éthique, et c'est la loi. « Ça va, monsieur ? » Le gars se racle la gorge et crache du sang à la figure d'Alexandre en lui lançant : « J'ai le sida, tu vas crever ! »

Les risques de contamination sont minimes : le jeune homme crache à la bouche du policier, et il faudrait que celui-ci ait, par exemple, une plaie buccale pour être infecté. Peut-on reprocher à Alexandre de ne pas se rappeler, pendant la violence de cette demi-seconde, ses cours de SVT de 4e ? Le jeune lui crache une deuxième fois à la bouche, Alexandre le gifle pour empêcher la troisième.

Sorti de son contexte, le geste est choquant, évidemment. Mais n'a-t-il pas une lumière différente lorsque nous en connaissons l'origine et l'histoire ? On peut condamner Alexandre pour avoir perdu patience, pour ne pas avoir su raison garder, pour ne pas s'être dit que les risques de transmission étaient faibles… Oui, tout ça on peut se le dire quand on est assis sur sa chaise, et qu'on a du temps pour réfléchir…

Quelques jours après les évènements, je croise Bruno Pomart, que j'avais rencontré sur le plateau de Cyril Hanouna, en janvier 2019. Cet ancien du RAID, aujourd'hui à la retraite, est président d'une association intervenant auprès des jeunes dans les quartiers difficiles. Et il m'apprend qu'Alexandre en est un membre très actif. « C'est un bon gars, je t'assure », me raconte Bruno. « Il est le premier à venir avec moi dans les quartiers chauds, il parle aux jeunes, il est très patient avec eux, il sait bien établir le contact, les jeunes l'apprécient… Depuis cette histoire, il a perdu cinq kilos et il ne va pas fort.

Il a vécu ce lynchage médiatique comme quelque chose de très injuste. »

Heureusement, le visage d'Alexandre n'est pas apparu dans la vidéo, car je pense sincèrement qu'il aurait eu à subir des problèmes graves dans sa vie privée. Il a été placé pendant plusieurs semaines sous trithérapie préventive : le jeune homme interpellé s'est vanté de sa séropositivité, fier de ce qu'il avait fait à mon collègue, mais, comme la loi l'y autorise, il a refusé d'être soumis à un test sanguin qui aurait permis de vérifier ses dires. Alexandre vit donc sous un traitement lourd, qui n'est pas anodin physiquement, avec qui plus est l'angoisse d'avoir été infecté. Le risque est minime, il faut le rappeler, mais le médecin qui l'a consulté aux urgences a pourtant bien émis cette prescription.

L'anecdote d'Alexandre, une parmi tant d'autres, permet de se rendre compte que les « violences policières » ne sont pas toujours celles que l'on décrit. Qu'il faut les regarder au cas par cas. Et ne pas se précipiter à tirer des conclusions hâtives et émotives. En tout cas, j'estime que nous, syndicats, n'avons pas à nous joindre à la meute sous prétexte que trois secondes de vidéo donnent envie à l'opinion publique de sortir les fourches. Notre présence et notre action auprès de nos collègues sont d'autant plus importantes que notre administration n'est pas toujours là pour nous soutenir.

Et ça, c'est une violence.

Suite à la gifle d'Alexandre, le ministre de l'Intérieur, Christophe Castaner, se prononce le 20 janvier 2020, lors d'un déplacement à Rennes :

« J'ai vu ces images, ce sont des images choquantes pour lesquelles le préfet de police a immédiatement saisi ses services pour les comprendre, pour voir s'ils peuvent trouver une explication. À l'heure qu'il est, je n'en vois aucune. L'IGPN a été saisie dans le cadre d'une demande du procureur, il faut que la vérité soit faite sur cet acte et que nous le comprenions. [...] S'il y a une faute, elle sera sanctionnée. Il peut y avoir des fautes, ces fautes doivent faire l'objet d'enquêtes, et non pas de procès médiatiques ou de procès politiques. »

Je partage l'essentiel de son analyse. Mais j'observe avec surprise qu'il ne « voit aucune explication » au geste d'Alexandre. Est-ce le rôle d'un représentant de l'État que de donner ainsi son opinion personnelle, deux jours après les faits, sans même attendre l'enquête ? Pour quelle raison l'exécutif lâche-t-il ainsi un représentant des forces de l'ordre, présumé innocent à ce stade ?

La même raison, peut-être, qui a poussé Christophe Castaner à faire une déclaration qui, une semaine plus tôt, a découragé de très nombreux flics de France.

Nous sommes alors le 13 janvier 2020. Le ministre de l'Intérieur présente ses vœux à la Police nationale. Seules quelques secondes de son discours vont intéresser les médias : « Policier ou gendarme, représenter les forces de l'ordre, c'est être un modèle, c'est assumer qui l'on est et porter son RIO[1]. C'est être respectueux, même face à ceux qui ne le sont pas. C'est garder son sang-froid, même face à la provocation, même face à la haine, même face aux coups. [...] C'est l'honneur de la police qui est en jeu, on ne fait pas de croche-pied à l'éthique, sauf à s'abaisser, à abaisser la police. »

Immédiatement, je reçois de multiples appels de collègues et de journalistes au sujet de cette petite expression glissée entre deux phrases : « croche-pied à l'éthique ». Un jeu de mots qui fait référence au croc-en-jambe effectué par un

1. RIO : Référentiel des identités et de l'organisation. Il s'agit du matricule qui identifie les agents sous l'autorité du ministère de l'Intérieur. Ce matricule doit être porté de manière apparente sur les uniformes. Les agents en civil doivent le porter sur leur brassard « Police ».

policier sur une femme lors d'une manifestation de gilets jaunes, le 9 janvier à Toulouse. Ces images ont choqué, évidemment. Moi y compris. Et une enquête administrative, confiée à l'IGPN, a été ouverte pour violence par personne dépositaire de l'autorité publique. Tout à fait normal. Et souhaitable, bien entendu !

Mais intégrer ce jeu de mots à un discours de vœux, très attendu des forces de l'ordre, est invraisemblable. Comme si nous avions tous propension à faire des croche-pieds à notre déontologie. Toutes et tous, nous nous sentons stigmatisés par cette petite phrase. Dans les heures qui suivent le discours de Christophe Castaner, Emmanuel Macron tiendra des propos similaires. Et moi, je suis en colère. Car je vois bien les ficelles du jeu politique qui sous-tend ces prises de parole.

En effet, lors de ce mois de janvier 2020, nous entrons en période électorale pour les municipales, elles auront lieu en mars. Ces dernières semaines, maints éditorialistes ont décrit le gouvernement comme étant trop sécuritaire. La majorité LREM veut se racheter une image et s'offrir un répit médiatique. Sur le dos des flics, évidemment. En nous tapant dessus pendant son discours, le ministère de l'Intérieur joue donc le jeu de tous ceux dont c'est le sport favori depuis des mois de manifestations.

Au lieu de cela, Christophe Castaner aurait pu, rêvons un peu, nous souhaiter un peu de répit pour l'année 2020, alors que nous travaillons sans relâche et sous pression constante ; proposer une révolution interne au cœur de nos services afin que nos policiers travaillent dans de bonnes relations hiérarchiques ; promettre qu'avec les préfets il saura enfin mener une bonne gestion du maintien de l'ordre, afin que leurs décisions ne conduisent plus à des blessés de part et d'autre. Non, à la place, il nous fait la morale, comme si la corporation dans son ensemble méritait qu'on lui tape sur les doigts, il remet en cause notre éthique et notre exemplarité.

Mais ce qui me fait le plus mal, c'est qu'à l'heure de ce discours, aucun mot n'est prononcé pour les seize collègues qui ont été blessés à Paris pendant les manifestations du samedi précédant cette allocution. Puisqu'il n'y a pas eu d'images, c'est politiquement inintéressant, donc inutile d'en parler. Pis : cette allusion aux « violences policières » est scandaleuse lorsque l'on sait que, la veille, deux policiers se sont suicidés. Dont un collègue dans les locaux de son commissariat, qui vivait des problèmes en interne.

Deux jours plus tôt, un policier a été tué pendant son service, écrasé comme un chien, percuté délibérément par le conducteur d'une fourgonnette en passe d'être interpellé. Trois morts, donc. Et le ministre s'autorise à faire un jeu de mots. Nous manquons d'un homme pour mener les troupes et nous constatons que notre ministre n'est même pas derrière nous pour nous soutenir. Pendant que ce « croche-pied à l'éthique » fait son petit succès et tourne en boucle dans les journaux, nous sommes en deuil.

Soudés par leur esprit de corps, les flics pleurent leurs morts. Et il semble bien qu'ils soient les seuls à le faire...

En voiture

Ne pas se sentir soutenu par sa hiérarchie, c'est terrible. Être abandonné par son administration alors même que l'on se met au service de l'institution qu'elle gère, c'est violent. Je l'ai vécu. Et j'en garde la trace.

En 2007, au sortir de l'école des gardiens de la paix, je l'ai dit, je suis heureuse du travail que j'accomplis chaque jour avec ma brigade de police secours, à Créteil. Grâce à elle, je découvre mon métier, dans cette préfecture du Val-de-Marne et dans les banlieues environnantes. Patrouille après patrouille, je côtoie la misère, la délinquance, la criminalité, la mort…

Mais pourquoi ai-je choisi cette affectation à Créteil ?

Il faut savoir que l'administration demande aux gardiennes et gardiens de la paix nouvellement diplômés d'aller travailler en Île-de-France, où il y a un fort besoin d'effectifs. Nous choisissons donc souvent, sans que cela soit une règle définie, une zone géographique pratique pour rentrer chez nous pendant le week-end, en province. Par exemple, les Chtis vont prendre des postes à Paris intra-muros près de la gare du Nord. Les Bretons vont choisir les Yvelines ou des arrondissements proches de la gare Montparnasse. Et nous, les Lyonnais, nous optons pour le centre et l'est de la région parisienne. Dont le Val-de-Marne.

Au moment de choisir mon affectation, je ne connais absolument pas cette région, je n'y suis jamais allée, alors je me renseigne. On me dit que Créteil est la ville la plus importante du département, avec des brigades et des structures importantes, la PJ, la Sûreté..., bref, il y a du travail. Ça tombe bien, je n'ai pas envie d'aller dans une zone trop calme. Mon choix est fait. Ce sera le Val-de-Marne.

Mais encore une fois se pose immédiatement pour moi la question du logement. Il faut que je trouve un appartement pour pouvoir y habiter avec ma fille. Or, je peux seulement me prévaloir d'un salaire d'élève gardien de la paix. Et non pas de gardien de la paix à part entière. Car un des problèmes cruciaux dans notre administration, et toujours d'actualité, c'est la mise à jour de nos situations salariales : elle se fait avec des mois et des mois de retard. Huit, au bas mot. Autrement dit, quand j'arrive en région parisienne, je ne peux justifier que d'une paie de mille trois cents euros. Normalement, je devrais en toucher cinq cents de plus. Premier problème, donc. Mais passe encore.

Second problème : la préfecture de police dispose d'un parc de logements sociaux, j'en visite de nombreux et, au fur et à mesure, je suis de plus en plus… estomaquée. Ces appartements sont juste honteux : vétustes, insalubres, déplorables. Sans sourciller, on m'en propose même dans des cités où je suis déjà intervenue ou interviendrai plus tard, avec odeurs d'urine dans l'ascenseur (si par hasard il marche) et dealers en bas de l'escalier. Je pose des questions, on me dit que des logements convenables, il en existe. Mais qu'ils sont réservés aux commissaires et aux officiers, avec des loyers pas forcément plus élevés que ceux attribués aux gardiens de la paix. Quand je demande pourquoi, on me rétorque : « Oh, mais vous comprenez, c'est une question de statut ! » À cette réponse, je ravale mon indignation.

En parlant avec les collègues plus anciens, j'apprends que la liste d'appartements disponibles, publiée régulièrement, est loin, très loin d'être complète. Les appartements les plus corrects, on se les garde sous le coude pour pouvoir distribuer des faveurs à untel ou untel, et les appartements pourris, on les donne aux gardiens de la paix et aux adjoints de sécurité. Tout le monde le sait et personne ne le dénonce. Le système d'attribution des logements est totalement opaque, il repose entre les mains d'une administration qui est à la fois juge et partie. Je suis jeune gardienne de la paix, je trouve ça honteux et inacceptable.

Lorsque je visite le énième appartement décrépi, de désespoir j'appelle le bureau d'attribution des logements pour dire que, même si on me le proposait gratuitement, il ne serait pas question que je le prenne. J'explique que j'ai une petite fille, que je ne veux pas qu'elle joue dans un endroit infesté de dealers, dealers que j'aurai certainement l'occasion d'interpeller, avant qu'ils ne soient évidemment relâchés pour revenir trafiquer dans l'immeuble, où bien sûr ils me reconnaîtront aisément. À l'autre bout du fil, le silence. Je parle dans le vide, ça ne sert à rien. Sentiment d'injustice. Encore.

Tant que je n'ai pas de logement fixe, il est évidemment hors de question que je puisse vivre avec ma fille. Je dois trouver une solution. En attendant, prendre une chambre dans un hôtel miteux est un choix envisageable. Mais coûteux au final, d'autant que je dois toujours payer le loyer de Lyon, pour y voir ma fille le week-end. Il me reste une solution : je décide de dormir dans ma voiture. Après tout, je l'ai déjà fait après le décès de ma mère… Au moment où je perdais ma famille, un siège de Renault en guise de lit. Au moment où je tente d'en intégrer une autre, le siège d'une vieille voiture allemande de 1989. Je suis montée en gamme, mais la galère reste la même ! Il s'agit d'un véritable paquebot, dont la belle couleur dorée va rapidement être esquintée de toutes parts : à mon grand désarroi, je découvre la façon dont les Franciliens réalisent les créneaux…

Je gare mon véhicule dans la rue, juste devant mon commissariat à Créteil. Quand le soir vient, je tends des draps et j'y passe la nuit. Nous sommes en plein hiver, je me réveille toutes les heures pour allumer le moteur afin d'avoir un peu de chauffage. Tôt le matin, avant l'arrivée des collègues, je fais ma toilette dans nos vestiaires, et si quelqu'un me croise à cette heure-là, les cheveux mouillés, je dis que je suis venue prendre une douche après avoir fait un peu de sport. Sans que personne s'en rende jamais compte, cette situation va durer trois mois. C'est long, trois mois dans sa voiture…

Mais j'ai une bonne étoile. La nourrice de ma fille continue de la garder sans rien me demander financièrement. Cette générosité me réchauffe constamment, je sais mon enfant entre les meilleures mains qui soient. Par ailleurs, cette chère grand-mère de substitution est mariée à un homme qui travaille dans le transport. Alors, tous les quatre jours, lorsque je retourne chez moi pour voir ma fille, il s'arrange pour me trouver un chauffeur-livreur qui rentre sur Lyon. Je sors de mon service, je grimpe dans le camion et, heureuse, je file rejoindre mon enfant... Toutes ces personnes de cœur, comme une famille, m'aident à tenir le coup au quotidien. À me dire que s'accrocher en vaut largement la peine.

Car ce qui grandit en moi au fil des jours et des patrouilles, c'est l'amour de mon métier. Pas une seule fois je ne remets en question mon choix. J'ai enfin la sensation d'apporter ma pierre à cet édifice de *l'intérêt public* vers lequel je sentais un tel élan lorsque j'étais adolescente. Mon métier a du sens. Et ce sens me fait tenir debout, il me rend fière de ce que je fais, il me permet de me donner à plein dans les missions que nous accomplissons avec ma brigade. Sans cette conviction, comment supporter des conditions de vie aussi dégradantes ? Et lorsque je me réveille au milieu de la nuit pour tendre un drap tombé ou remettre un peu de chauffage, je pense parfois à ce que j'ai vécu dans la journée. Comme ce qui s'est passé au palais de justice de Créteil, cet après-midi.

Ce jour-là, je renforce une brigade qui, comme d'habitude, est en manque d'effectifs. Nous avons pour mission d'assister la présentation des détenus au juge des libertés et de la détention. Ils sont nombreux à profiter des fêtes de fin d'année pour demander une sortie. Auteurs de vols violents, d'escroqueries ou d'homicides volontaires se succèdent pour obtenir quelques jours de liberté... J'écoute ces histoires de drames et de violences devenues presque banales dans mon quotidien professionnel. C'est alors que, sous escorte, arrive dans la salle un homme d'une cinquantaine d'années, cheveux gris et dos voûté. Ses gardes le font entrer dans le box où je me trouve avec mon collègue, il est désormais placé sous notre responsabilité. Il expose d'une voix calme sa requête au juge : en détention provisoire, il aimerait bénéficier de quelques jours à l'occasion de Noël pour retrouver ses tout jeunes enfants, placés en famille d'accueil.

Le 24 décembre de l'année précédente, la nuit était tombée et il était rentré chez lui. Fortement alcoolisé. Son épouse et ses trois fils l'attendaient mais il n'avait rien d'autre à leur offrir que son ivresse. Comme l'année précédente. Et comme l'année précédant la précédente... Sa femme lui a fait des reproches, il l'a frappée, elle s'est défendue. Sous les yeux de leurs enfants qui hurlaient, il l'a jetée contre la baignoire. La rate a éclaté, la douleur a été telle qu'elle n'est pas parvenue à se relever. Elle est morte quelques heures plus tard.

Pour obtenir la permission de voir ses enfants à Noël, l'homme gris, aidé de son avocat, évoque ce moment en famille dont ils risquent d'être privés, en cas de refus du juge. Je suis interpellée par cette compassion soudaine pour ses petits, placés chacun dans des familles différentes depuis qu'ils ont vu leur mère mourir sous les coups de leur père. Le magistrat répond à l'homme que, par sa main, il a d'ores et déjà condamné ses enfants à ne plus jamais vivre de Noëls. Requête rejetée.

Dans ma voiture, j'y repense toute la nuit. Ma fille me manque. La nuit d'après, je me remémore un autre drame humain, une autre histoire de vies fracassées. Et chaque fois je remets un peu de chauffage pour me réconforter. Le souvenir de ces moments souvent si terribles, dramatiques et lourds tourne alors en boucle dans le petit habitacle soudain surchauffé. Comment parvenir à se rendormir ?

Le tribunal des people

Comment oublier tous ces moments terribles que nous vivons si souvent, sur le terrain ou dans nos commissariats ? Sur nos bureaux s'accumulent les dépositions qui, l'une après l'autre, couche par couche, dressent un portrait terrifiant de la violence et de la misère sociale. Pas à l'autre bout du monde, mais ici, en France. Je crois n'avoir jamais rencontré un collègue qui, à un moment ou à un autre, n'ait pas craqué. Ceux-là mêmes qui sont régulièrement accusés de « violences policières ». Un *bashing* relayé par les médias et les people.

Le 1er mars 2020, je lis dans *Libération* une tribune de Virginie Despentes, suite à la cérémonie des césars qui vient d'avoir lieu. Roman Polanski y a été sacré meilleur réalisateur et le film *Les Misérables* récompensé de nombreux prix. L'écrivaine en profite pour s'en prendre aux forces de l'ordre. Elle nous accuse de commettre des « exactions » au service des puissants. Par ailleurs, elle décrit les membres de l'équipe des *Misérables* comme « ceux dont on sait qu'ils risquent leur peau au moindre contrôle de police ». Le 4 mars, je lui réponds, via le journal *L'Express*, *Libération* m'ayant refusé un droit de réponse. Car en la lisant, un de ces souvenirs qui envahissaient mes nuits passées dans ma voiture m'est revenu immédiatement en mémoire. Avec force.

« Votre litanie, madame Despentes, m'a rappelé une scène dont j'ai été témoin malgré moi [...], il y a quelques années. J'y ai vu un collègue, dans les toilettes d'une aile inoccupée de l'hôtel de police, vidant ses tripes du dégoût d'avoir retranscrit le récit d'un enfant racontant "cette bite tachée de sang et de merde". Surpris de me trouver dans ces lieux habituellement déserts, il m'a lancé : "Tu gardes ça pour toi ?" Il était effrayé de cet aveu vomitif qu'il croyait de faiblesse, alors que ses larmes étaient une force que vous n'aurez jamais. [...] Virginie Despentes, par votre haine du flic, vous ratez le coche de la crédibilité. [...] Les flics, eux, ne débattent pas sur Polanski. Chez nous, notre morale et la loi que vous conchiez ne laissent place à aucun débat. Les policiers que vous fustigez ne séparent pas l'homme de l'artiste. »

Je ne peux pas rester silencieuse devant tant d'*a priori* vis-à-vis de notre institution, mais surtout, vis-à-vis des individus qui la composent.

« [...] Les policiers, engagés mais aussi démunis que les travailleurs sociaux, les professeurs et les soignants, reçoivent les déclarations de victimes, leur donnent avec un courage monstre une existence judiciaire sans savoir quel sort leur réservera le rouleau du système, quand vous, madame Despentes, et vos semblables littéraires ou cinématographiques regardez ailleurs depuis toujours, le ventre au sol face aux riches phallocrates avec lesquels vous déclarez dîner. [...] Seulement vous avez pris le parti de vous servir de votre audience et du malheur de ces gosses pour infliger, asséner une attaque inopportune contre les seuls qui les protègent. Les flics. »

En cette période de dénigrement de la police, les policiers sont une cible si facile que les « people », du haut de leur tribune à paillettes, s'autorisent à se jeter dans les bras de l'hystérie collective, à se prononcer sur un métier qu'ils ne connaissent pas, pour ne jamais s'y être intéressés de près. Début 2020, Omar Sy fait partie des signataires d'une tribune érigeant Mickaël Harpon en victime de « violences policières » ; en octobre 2019, ce terroriste avait tué quatre des nôtres à la préfecture de police de Paris. En 2017, Patrick Bruel, Hugues Aufray, Josiane Balasko, Mathilda May, Nils Tavernier ou Anne Roumanoff prennent parti en faveur d'un jeune homme qui, selon eux, aurait subi un viol perpétré par un collègue avec une matraque télescopique, à Aulnay-sous-Bois ; l'enquête menée par le Parquet du 93, réputé pour n'être guère conciliant avec notre institution, démontrera que la présumée victime venait de frapper les policiers pour empêcher l'interpellation d'un dealer, mais surtout, qu'avec sa matraque, le fonctionnaire avait visé les jambes du jeune homme, l'accident malheureux s'expliquant par la violence avec laquelle ce dernier s'était battu. Pourtant, aucun de ces people ne fera son *mea culpa*. Citons encore Mathieu Kassovitz, à l'insulte et à la vulgarité faciles à notre encontre, notamment sur les réseaux sociaux. Ou Camélia Jordana, jeune chanteuse qui, en mai 2020, sur un plateau de télévision très suivi, nous accuse de « massacrer » des personnes « pour nulle autre raison que leur couleur de peau », justifiant son argument par la frisure de ses cheveux.

Le problème, c'est que ces personnalités entraînent derrière elles des milliers de Français et prêtent leurs visages à des causes aux conséquences dangereuses pour notre société. Et je connais les méfaits de ce *bashing* sur le moral des flics : un repli de défense sur eux-mêmes, le sentiment d'être agressés en permanence.

À l'inverse…

Le 22 février 2020, j'ai un échange avec une autre personnalité publique, le philosophe Raphaël Enthoven. Je lui signifie avoir été interpellée par l'un de ses tweets « mettant en cause la méthode d'interpellation d'un jeune membre des black blocs il y a quelques jours […], votre tweet a réveillé chez la Pinot simple flic que je suis, ô combien humainement imparfaite et aux capacités cognitives loin derrière la classe des intellectuels dont vous faites partie, une profonde tristesse, presque une peur. "Comment ce philosophe que j'admire tant a pu ainsi se laisser prendre à l'hystérie collective d'une bande marginale mais si bruyante, très représentative et active sur Twitter ?" Il n'y a de mon point de vue qu'une explication : l'émotion. Celle qui régit nos choix, nos croyances, nos pensées parfois, et avec laquelle certains jouent si bien en politique. Votre humanité s'est fait prendre. C'est sûrement elle qui vous permet d'être un si grand penseur. C'est aussi elle qui m'oblige à vous comprendre. Et à être indulgente. Pour qu'un jour je puisse avoir le droit qu'on le soit avec moi, avec chacun d'entre nous ».

Raphaël Enthoven me répond, le même jour :

« Ce tweet était un réflexe. Pas une réflexion. Et une erreur. C'est-à-dire une faute. Trop tard pour l'effacer. »

Dans un échange personnel, il me confie à nouveau s'être trompé. Tout en précisant que, pour lui, il est nécessaire de combattre la mauvaise image de la police et d'être intransigeant avec les fautes de ses représentants. Ce que j'approuve pleinement. Comme quoi l'intelligence permet la rencontre et ouvre le dialogue. S'écouter, respecter les besoins des uns et des autres, trouver une voie d'entente. C'est exactement ce chemin que je cherche à débroussailler avec notre administration.

Ça suffit !

Je n'ai toujours pas trouvé de solution. Cela fait trois mois que je dors dans ma voiture, je suis épuisée, mes nerfs sont à vif. Jamais très bon d'avoir les nerfs à vif quand on travaille dans la police…

Alors un matin, je craque. Je pars avec ma maison-voiture. Direction rue Faidherbe, dans le 11e arrondissement de Paris. Là où, à l'époque, sont installés les bureaux du service d'attribution des logements. Je me présente au guichet. Une dame me reçoit, elle me regarde laconiquement. Devant elle, je vide mon sac. Un sac plein à ras bord. Je lui explique pourquoi je suis obligée de dormir dans ma voiture, je lui dis que je n'en peux plus ; que c'est un scandale, cette gestion des fonctionnaires de police ; qu'on doit absolument me trouver rapidement un logement correct, à moi comme à l'ensemble de mes collègues obligés de vagabonder entre deux vacations ; que j'ai ma fille à Lyon qui ne supporte plus d'être séparée de sa mère… ! La dame baisse les yeux, ennuyée, apathique. Je vois bien qu'encore une fois je parle dans le vide. Alors, soudain, ça me prend : je saisis le taureau par les cornes. Je redeviens actrice de ma vie.

« Bon alors, vous savez ce qu'on va faire, madame ?, lui dis-je. Je vais aller chercher ma voiture et la garer juste là, devant vos bureaux. Ensuite, je vais ramener ma fille de Lyon. Et on dormira toutes les deux dedans. Peut-être même que j'installerai le matelas de mon enfant face à la fenêtre de votre chef. Et avec un peu de chance, il y aura une caméra qui passera par là ! Alors comme ça, je pourrai expliquer au journaliste comment la police traite ses fonctionnaires. Je lui dirai que je passe ma journée dans le sang et la misère, pour ensuite me retrouver à dormir dans ma voiture ! Je ne demande pas qu'on paie mon loyer, madame. Je demande juste que mon employeur me permette de me loger décemment. Car à la genèse de ma doléance, il y a le fait que, si je suis en région parisienne, c'est bien parce que mon employeur en a décidé ainsi. Moi, je suis de Lyon et j'ai passé mon concours à Lyon. Alors OK, j'ai ensuite choisi mon affectation dans le Val-de-Marne, mais c'est bel et bien l'administration qui demande à quatre-vingts pour cent des promotions des écoles de police d'aller travailler à Paris, afin de renforcer les effectifs. Alors dans ces cas-là, ces quatre-vingts pour cent, il faut être en mesure de pouvoir les loger ! »

La dame me fixe de ses grands yeux. Ils sont un peu plus ronds que tout à l'heure. Dans la foulée, elle me propose un appartement. Un petit F2, que je visite immédiatement. Propre, décent, situé dans un immeuble récent. Et à trois minutes en voiture de mon travail. Je prends ! Et je soupire de soulagement…

La semaine d'après, j'emménage avec ma fille. Nous réapprenons à vivre ensemble. Cela fait si longtemps que nous ne partagions plus un quotidien, notre vie n'était que retrouvailles et séparations. Les draps qui, dans ma voiture, me protégeaient du regard des autres reprennent la place qu'ils n'auraient jamais dû quitter : dans un vrai lit.

Voilà. Il aura fallu cet épisode pour que je comprenne que seul le rapport de force permet d'obtenir les choses. Le rapport de force et… la menace de la médiatisation. Et à ce moment très précis, je m'interroge : comment font tous les collègues qui sont dans la même situation et qui n'osent pas faire ce que j'ai fait, qui n'ont pas les mots pour convaincre ?

Quelques jours plus tard, je pousse une autre porte. Celle d'un syndicat : j'adhère à SGP Police.

Le livre blanc

Indifférence, injustice, incompétence et mépris envers les flics. Contre tout cela je me bats, grâce à mon engagement syndical, afin que notre administration nous rende les clés de notre fierté. Celle que nous avons besoin de retrouver vis-à-vis de notre métier. Il y aurait tant d'avantages à ce que notre ministère décide de faire avec nous, petites et simples mains de la police : il me semble que, dans le monde d'aujourd'hui, toutes les bonnes volontés sont utiles.

Car la société change. Les défis qui s'annoncent ou qui se confirment sont de taille : le terrorisme qui continue de menacer notre pays, la violence qui se banalise, la délinquance qui s'internationalise, la drogue qui se répand sur tout le territoire, le repli communautaire qui étouffe nos quartiers, la cybercriminalité...

La Police nationale doit absolument évoluer pour se mettre au diapason de ces mutations.

Nos hautes instances en sont conscientes. Dans ce cadre, elles nous ont promis, en 2019, un Livre blanc de la sécurité, censé être conçu par des experts de la Police nationale. Objectif : définir ce que devra être notre corps de métier dans les dix prochaines années.

Le 12 juin 2019, lors de sa déclaration de politique générale, le Premier ministre Édouard Philippe annonce le lancement des travaux qui permettront la rédaction de ce rapport. Quatre groupes de travail ont été mis en place pour réfléchir sur une thématique spécifique, faire un diagnostic et proposer des solutions : l'organisation des forces de sécurité intérieure ; le continuum de sécurité (harmoniser la coopération entre l'ensemble des acteurs publics et privés : polices nationale et municipale, élus locaux, bailleurs sociaux, entreprises de sécurité...) ; les ressources humaines et matérielles ; et enfin, les nouvelles technologies.

Ce projet est nécessaire, voire urgent. Et, je l'espère, ambitieux. En tant que syndicat majoritaire représentant plus de quarante-cinq mille flics, Unité SGP Police s'attend donc à participer pleinement à ce Livre blanc et à y apporter son expertise de terrain. À l'automne 2019, nous déchantons...

Car nous avons reçu la liste des personnes participant aux quatre groupes de travail. Les rapporteurs ? Tous des préfets. Certains connaissent bien le métier ; d'autres, pas du tout. Mais surtout, où sont les experts de la société civile dont on nous avait promis la contribution ? Où sont ceux de la Police nationale, moniteurs, formateurs, effectifs de terrain ? Nulle part. Nos flics d'aujourd'hui sont-ils considérés comme incapables de réfléchir à la police de demain ?

Le gouvernement a bien pressenti que nous n'allions nullement apprécier cette façon de faire, cet entre-soi de préfets dont nous ne remettons pas en cause les compétences ; nous pensons seulement que les nôtres auraient pu être largement complémentaires aux leurs. Pour anticiper et mater toute forme de désapprobation déballée sur la place publique, des « panels de terrain » ont donc été créés. Avec, en leur sein, des représentants de syndicats ou, pour la gendarmerie, des instances de concertation. Ces panels devront être consultés régulièrement par chaque groupe de travail. Enfin... théoriquement.

Passons à la pratique. Je suis pour ma part affiliée au panel de terrain correspondant au groupe de travail « continuum de la sécurité ». Et je suis invitée à participer à... deux réunions. Deux petites réunions pour décider du sort de la sécurité française... Dans l'assemblée, les trois corps de police – gardiens de la paix, officiers et commissaires – sont représentés et nous sommes censés donner au préfet rapporteur nos propositions sur la thématique.

Première réunion, donc, avant les vacances de Noël 2019. La seconde, le 15 janvier 2020, place Beauvau. Ce jour-là, nous sommes une huitaine d'intervenants du panel présents dans la salle et nous avons de nombreuses solutions à proposer, des idées à confronter, des expériences à partager. Mais pour cette séance de travail, nous avons trois heures : de quatorze à dix-sept heures... Ah non, pardon, « en fait, aujourd'hui, ce sera plutôt seize heures trente », nous annonce le préfet. « Car à dix-sept heures, place Beauvau, il y a les vœux de l'administration centrale en présence du secrétaire d'État ! » Deux heures trente pour plancher, donc. Une fois passées les présentations des uns et des autres, sans oublier les congratulations multiples et variées, le rapporteur nous livre un des thèmes du jour : le pouvoir de la police judiciaire attribué aux maires… Rien que ça. Et il reste si peu de temps pour réfléchir à cette question essentielle.

Malgré les minutes qui défilent, nous tentons de donner notre point de vue. Gradés ou non-gradés, les policiers présents sont quasiment unanimes : nous estimons dangereux de déléguer les pouvoirs de la police. En effet, sur instruction du maire, le chef de la police municipale pourrait être à même de poser des actes judiciaires. Soit. Mais ces derniers auront-ils vocation à améliorer la sécurité… ou à faire passer un message politique ? C'est tout le danger de remettre ce pouvoir entre les mains d'un élu. Mal utilisé, à des fins électoralistes par exemple, il pourrait devenir un outil de nuisance. Nous exprimons donc au préfet le risque de cette situation.

« Vous comprenez, nous répond le rapporteur, c'est une question délicate parce que, de toute manière, ce sont des choses qui vont nous échapper. »

Alors, quel intérêt d'en discuter ? Je soulève d'ailleurs un point que la majorité des participants semble découvrir : le 27 décembre 2019, le Parlement vient tout juste de promulguer la loi « Engagement et Proximité » du ministre chargé des Collectivités territoriales, Sébastien Lecornu. Une loi qui élargit les prérogatives judicaires des maires, en leur permettant notamment de fermer débits de boissons ou établissements diffusant de la musique, de prononcer des sanctions administratives, etc.

– Monsieur le rapporteur, lui dis-je, vous nous demandez de débattre sur un sujet qui a déjà été acté par la loi. Alors finalement, quel est le but de ces échanges ? Est-ce que nous ne sommes pas en train de perdre notre temps ? Si nos idées ne doivent pas aller plus loin que le bureau, je ne vois pas l'intérêt de nous réunir...

– C'est vrai, c'est une question politique. Et nous sommes mis devant le fait accompli, me répond-il, gêné.

La politique, encore et toujours... Je me rends compte alors que ces discussions, aussi stimulantes soient-elles, ne sont rien d'autre que des débats de comptoir. Elles ne servent à rien. Elles n'auront aucune conséquence sur le contenu du fameux Livre blanc. Un livre que nous, les flics, allons devoir subir. C'est d'ailleurs curieux, j'observe que pas un seul de nos interlocuteurs ne prend de notes pendant nos prises de parole : nous discutons dans le vide. Autrement dit, nous sommes là pour le décorum. Pourtant, il y aurait de nombreuses idées à développer pour améliorer la sécurité de demain, sur son aspect opérationnel notamment. Par exemple, le rapport parlementaire issu de la majorité, *D'un continuum de sécurité vers une sécurité globale*, que j'ai entièrement étudié, contient quelques pistes intéressantes. Malheureusement, à ce stade, il semble très peu exploité par ceux qui vont rédiger le Livre blanc. Et puisqu'il faut se faire à l'étrange idée que l'État déléguera progressivement certaines de ses missions régaliennes aux polices municipales et à la sécurité privée, pourquoi ne pas inclure à ce projet la contribution et les analyses du terrain des policiers et des syndicats ?

Le préfet nous explique ensuite la mise en place d'une concertation citoyenne. Elle aura lieu prochainement. À cet effet, cent Français seront réunis et invités à donner leur point de vue sur la sécurité, à réfléchir sur des thématiques spécifiques et à proposer des idées. Honnêtement, de qui se moque-t-on ? Demanderait-on à un panel de citoyens, pour un Livre blanc sur la santé publique, de réfléchir à la manière d'organiser nos hôpitaux ? Certes, ça ferait des articles de presse sensationnels et de belles photos… Je suis effarée que l'on puisse ainsi instrumentaliser les Français à des fins démagogiques, et donc politiques, aux dépens d'une question aussi essentielle que celle de la sécurité. Cent citoyens dont, en apparence, la parole semble importer davantage que celle des flics. Comme nous, ils sont de simples faire-valoir.

Ce Livre blanc me semble donc être une escroquerie. Une conception abstraite et intellectuelle, en aucun cas nourrie par l'expérience de terrain. À travers lui, je sens que la police de demain sera encore plus politique qu'elle ne l'est aujourd'hui. Un bel outil dans les mains des élus, utilisé en fonction des sondages plutôt que dans un objectif de réelle efficacité. Les flics mais surtout les Français en pâtiront. Si rien n'est fait pour renverser cette tendance, j'en suis sûre et certaine, et je vous en préviens : nous courons tout droit à la catastrophe.

C'est pourquoi le rôle des syndicats est si important, qui permet de tirer les sonnettes d'alarme. C'est pourquoi je me suis engagée dans ce combat. Plus j'avance, plus je découvre l'ampleur du chantier. Aujourd'hui, en 2020, je me rends compte qu'il est immense.

« La police m'a tué »

2007. Ça y est : j'ai pris mon adhésion à SGP Police. Après avoir dormi trois mois dans ma voiture et enfin obtenu un appartement, je découvre le monde du syndicalisme.

Notre délégué syndical permanent vient régulièrement faire le tour de notre service, c'est sa mission. Il cherche alors un interlocuteur au sein de la brigade. Pas si facile à trouver. Il faut comprendre que notre métier est extrêmement hiérarchisé et que les commissaires n'aiment guère, en général, que l'on se mêle de la gestion de leurs ouailles. Alors quand les collègues se confient à un délégué et qu'un officier débarque soudain dans le bureau, il y a sur-le-champ et comme par hasard une belle envolée de moineaux ! Tout le monde a peur. Pas moi. Je ne suis pas plus courageuse que d'autres. Mais tellement plus candide… Dans ma grande naïveté, je me dis que confier mes revendications, le règlement me l'autorise et la morale me l'impose. Et tant pis si, derrière notre dos à tous, un officier s'empresse de savoir ce qui a pu être dit, lequel a parlé et au nom de qui. Résultat, de nombreux collègues me soumettent leurs doléances, que je communique pour eux au délégué permanent. Jusqu'au jour où celui-ci me prend à part :

« Toi, tu parles bien, me dit-il, et tu as du cran. J'ai besoin d'un délégué dans ta brigade. Est-ce que tu veux bien endosser cette mission ? »

Très naturellement, j'accepte. Parce que j'ai conscience que cela va juste consister à faire… ce que je fais déjà. Sauf que ma position sera désormais officielle et que le délégué ne sera plus obligé, pour me protéger, de louvoyer entre les bureaux de crainte qu'un officier ne me surprenne en train de parler avec lui.

Jour après jour, je fais donc état des problèmes que l'on me confie ou que je rencontre moi-même. Problèmes dont je découvre l'étendue avec stupéfaction, sans jamais parvenir à m'y habituer.

Il y a l'éternelle question du matériel. Locaux décrépis, dont certains contiennent encore de l'amiante. Odeurs nauséabondes dans les services et dans les geôles de garde à vue, avec parfois de l'urine et des excréments pleuvant des faux plafonds. Ordinateurs et imprimantes hors service. Économies de papier dans une profession où la procédure est l'alpha et l'oméga du quotidien. Et bien entendu, voitures déglinguées : des collègues se retrouvent dans des véhicules qui, d'un seul coup d'œil, devraient être refusés au contrôle technique, « On ne peut plus rouler là-dedans ! », mais bizarrement, ces engins passent tous l'examen, on se demande par quel miracle ou, plutôt, par quel tour de passe-passe administratif. Un délégué syndical peut alors imposer à l'officier l'interdiction de circuler dans ces véhicules devenus dangereux, tant pour les flics que pour les concitoyens qu'ils sont censés protéger.

Tous ces problèmes matériels seraient du détail pourtant, si le management était juste. S'il régnait un esprit apaisé dans les différentes strates de la police. Ce qui n'est pas le cas.

Car il y a ces entorses permanentes au repos des collègues, que l'on envoie sur une mission non urgente pendant leurs pauses, par exemple pour porter un courrier à la mairie. Cela paraît anodin et pourtant cela reflète le mépris dont font continuellement l'objet les gardiens de la paix ou les adjoints de sécurité. Le plus grave étant que, s'ils invoquent leur droit de repos, ils sont systématiquement menacés de représailles.

Et puis, il y a cette politique du chiffre inconcevable, ridicule. Nicolas Sarkozy est alors ministre de l'Intérieur, et il semble malheureusement que la mission principale de la police consiste désormais à aligner, par exemple, un maximum de contraventions. La plupart d'entre nous y sommes hostiles, attachés que nous sommes à une police de qualité, de prévention, de recherche de la délinquance, bref, d'utilité publique... Mais si nous ne remplissons pas les objectifs « commerciaux » définis par notre hiérarchie, nous sommes menacés de mauvaises notations et de barrage à l'avancement... Méthode totalement hors des clous ! Un jour, je subis moi-même ce chantage.

En effet, ce mois-ci, je n'ai pas effectué le nombre requis de verbalisations : vingt timbres-amendes mensuels et par policier, c'est la règle dans ma brigade[1]. Je suis loin du compte et mon supérieur brandit sa menace. Je lui oppose que je ne suis pas agent du fisc ! Et s'il est vrai que l'amélioration de la sécurité routière se mène grâce au portefeuille et à la « peur du gendarme », je préfère ne pas verbaliser quand les contrevenants sont sincèrement à

1. Dans la police de proximité, plus ciblée sur l'usage de la voirie, ce nombre peut monter jusqu'à quarante !

l'écoute de mes explications sur la gêne que représente le stationnement de leur véhicule. L'officier ne pourra pas me pénaliser, car au vu du reste de mon travail, il lui aurait été difficile de justifier une mauvaise notation, juste pour une histoire de quota. Un quota qui met donc l'ensemble des effectifs sous pression. Et lorsqu'ils ne l'ont pas atteint, ils errent dans les rues à la recherche de quelques pare-brise sur lesquels accoler le petit papillon vert honni des automobilistes.

Autre exemple : ma brigade intervient dans un parking souterrain, où une vingtaine de voitures ont été dégradées, vitres cassées, intérieurs dévalisés. Nous réussissons à convaincre le gardien d'immeuble de nous montrer les vidéos de surveillance. Trois heures plus tard, nous interpellons dans un quartier voisin les trois jeunes reconnus sur les images. Une affaire rondement menée. Une affaire ? Que nenni ! Non pas une, mais… vingt ! Car le chef du service d'investigation locale a comptabilisé une procédure pour chaque automobiliste ayant porté plainte, démultipliant ainsi le nombre de dossiers résolus. Autant dire que les chiffres annuels de la délinquance sont une vaste fumisterie ; ils évitent de se pencher sur le fond des problèmes et influent malheureusement sur leur gestion. Puisqu'au final les orientations prises en matière de sécurité s'appuient sur des données qui ne reflètent pas la réalité de terrain. Mais le chiffre est roi, qui permet de gonfler les statistiques et de montrer à l'opinion publique que, oyez oyez braves gens, la Police nationale ne chôme pas !

Nous ne cessons de le clamer : il ne sert à rien, par exemple, d'interpeller cinquante fumeurs de joints dans un district si on ne nous donne pas les moyens ni, sachant que les brigades des stups sont complètement débordées, la possibilité de remonter à la source même du problème : le dealer. Mais on s'entête à nous faire faire ces cinquante interpellations inutiles, parce qu'elles représentent cinquante affaires élucidées. Et donc cinquante cases remplies pour le commissaire, qui en profitera pour bénéficier ensuite de primes à la case. En revanche, avec un groupe qui aura travaillé H24 pendant un an pour tracer un dealer et l'interpeller, ça ne fera... qu'un seul et unique dossier résolu. Pas bon pour les statistiques !

Un seul mantra résonne donc dans nos bureaux : les chiffres, les chiffres, les chiffres...

Je suis évidemment déçue en découvrant ce fonctionnement interne de la police. Mais je ne perds pas espoir. Je continue à croire que, dans un pays démocratique comme le nôtre, elle reste une institution magnifique. Même si je réalise peu à peu que certains la galvaudent ; qu'ils l'utilisent à des fins personnelles ; qu'ils l'ont rejointe, non pour la beauté de la mission, ni dans l'intérêt collectif, ni dans un esprit de cohésion par rapport à notre corps de métier. Mais qu'ils sont là parce qu'ils ont passé un concours d'une catégorie A ou bien qu'ils ont l'intention de se lancer dans une belle carrière sur le dos de la fonction publique.

Malheureusement, procédez ainsi et le système s'effondre. Et quand il s'effondre, certains psychismes s'écroulent juste avant.

« La police m'a tué… » C'est ce qu'Éric[1], de la BAC, a murmuré en rapprochant ses lèvres tout près de sa radio. À travers la leur, tous les collègues du district l'ont entendu, c'était le soir, les uns étaient en patrouille, les autres à leur bureau. « La police m'a tué… » Et puis, ce coup de feu. Il a résonné sous la lune, d'une voiture à une autre, d'une salle à sa voisine, dans cet hôtel de police de Créteil.

Cette nuit-là, je n'étais pas en service, je n'ai pas entendu en direct cette phrase terrible d'Éric, on m'en a fait écouter l'enregistrement. Mais elle

1. Le prénom a été changé afin de préserver l'identité de ce policier.

continue de m'habiter. Qu'a-t-il voulu dire ? Comment avons-nous pu passer à côté de lui, au point de n'avoir pu anticiper son geste ? Quand un homme met fin à ses jours en disant « La police m'a tué... », et qu'on est incapable de comprendre pourquoi, quand, comment..., c'est bien qu'il y a une défaillance quelque part. C'est à cela que nous pensons tous, sans oser l'exprimer, lorsque pendant des semaines nous décorons de fleurs l'endroit précis où il s'est donné la mort. Un autel pour un homme qui n'attirait jamais l'attention sur lui et qui, à notre connaissance, ne manifestait pas de souffrances insurmontables. Une chose le caractérisait fortement : l'empathie. Un flic de conviction.

Pourquoi ce geste ?

Monique[1], elle, avait de grands yeux sombres et un sourire éclatant, diront plus tard ses proches. « Vous savez, votre collègue qui est en train de reprendre votre appartement, elle est en train de divorcer et à mon avis, elle ne va pas bien. Elle semble malheureuse quand elle évoque son métier. Elle risque de faire un mauvais geste », me souffle la régisseuse du bailleur qui me loue ce premier appartement que j'avais eu

1. Le prénom a été changé afin de préserver l'identité de cette policière.

tant de mal à obtenir. Après un an et demi, je déménage pour plus grand. Et c'est Monique qui le prend à ma suite. La régisseuse me confie son inquiétude mais je n'ai pas le temps de réagir : quelques jours plus tard, j'apprends que Monique s'est donné la mort, dans la chambre qui avait été la mienne et celle de ma fille pendant des mois. Le choc. Comment une régisseuse qui l'a rencontrée une seule fois a-t-elle pu deviner ce que sa hiérarchie n'a pas su voir ?

Pourquoi ce geste ?

Christophe[1] travaillait à la brigade des métros. Je le croisais souvent au commissariat, dans la salle de rédaction des procédures. Lui et son unité formaient une bande de collègues drôles et sympathiques, avec lesquels je me suis rapidement bien entendue. Au point de faire un stage chez eux. Mais ça faisait quelques semaines que je ne le voyais plus. On m'avait appris qu'il n'allait pas bien. D'ailleurs, la médecine de prévention, en charge notamment des souffrances psychiques, avait conseillé qu'il soit rapidement désarmé. Chose qui avait été faite. Quelques semaines plus tard, sa hiérarchie fait pourtant le choix de le réarmer. L'armurier lui tend alors

1. Le prénom a été changé afin de préserver l'identité de ce policier.

son 9 millimètres. Avec, confiera-t-il ensuite, l'intime conviction qu'il ne devrait pas le faire. Mais au nom de quoi s'opposer à l'avis d'un médecin ? Quelques minutes plus tard, Christophe se suicide dans les vestiaires.

Pourquoi ?

Ces trois suicides me marquent profondément. Bien entendu, à l'époque, j'entrevois des explications à ces actes terribles. Mais je sens bien que mon manque d'expérience ne me permet pas encore de comprendre les tenants et les aboutissants de ce problème dramatique, d'en saisir le schéma général. Celui, je le pressens, d'un système en train de s'effondrer. Et qui fait que, chez l'un ou chez l'autre, parfois, « la police m'a tué »...

Suicides

Cinquante-neuf suicides de policiers en 2019. Sur ce sujet dramatique, j'interpelle vigoureusement Emmanuel Macron, le 31 janvier 2020, sur le plateau de Jean-Jacques Bourdin, sur RMC.

La veille, au festival de la bande dessinée d'Angoulême, notre président a posé avec enthousiasme au côté d'un dessinateur. Celui-ci a créé le motif d'un T-shirt représentant un félin avec un pansement sur l'œil. T-shirt portant la mention « LBD 2020 ». Jeu de mots entre la BD (objet du festival) et une référence au lanceur de balles de défense tant incriminé pendant la crise des gilets jaunes.

Liberté d'expression du dessinateur, je suis complètement pour. Question insolence, *idem* : elle fait avancer nos sociétés et ouvre les débats. En revanche, je suis stupéfaite que notre président ait accepté de se faire photographier en exhibant fièrement ce T-shirt. Est-ce le rôle d'un chef d'État ? Se rend-il compte à ce moment-là qu'il choisit son camp, celui des ennemis des forces de l'ordre ? Quelques minutes plus tôt, ses conseillers l'ont dissuadé de poser pour cette photo, mais il n'a pas écouté. Il prend la pose pendant que sa cour, tête baissée, désapprouve. Et le cliché fait immédiatement le buzz. Dans la foulée, je reçois des milliers de messages provenant de policiers. Ils m'écrivent leur colère ou leur désespoir : cela fait des semaines, me disent-ils, qu'ils sacrifient tous leurs week-ends et qu'ils risquent leur vie et leur intégrité physique pour permettre à la République de tenir debout, alors même que la stratégie politique d'Emmanuel Macron est en train de la faire chanceler. Et, sourire aux lèvres, celui-ci se permet d'arborer un T-shirt faisant un raccourci entre forces de l'ordre et éborgnement de la population ! Devant la France entière, notre président cautionne le discours antiflics à la mode et nous jette directement dans les bras de la vindicte populaire.

Le lendemain, chez Jean-Jacques Bourdin, je propose donc à Emmanuel Macron un autre T-shirt, que je sors sur le plateau. Notre T-shirt à nous, celui des policiers au désespoir. Dessus, j'ai écrit « 59 suicides 2019 ». Emmanuel Macron aime, je cite, « l'insolence dans l'expression artistique ». Certes, je n'ai pas le talent d'un artiste : du mieux possible, j'ai griffonné ces quelques lettres maladroites avec du eye-liner noir et du rouge à lèvres. Rouge comme le sang de mes collègues, comme notre colère. Et sur le plateau, insolente peut-être, révoltée ça ne fait aucun doute, j'exhorte Emmanuel Macron à porter ce T-shirt. À nous présenter des excuses. Mais surtout, à prendre des mesures qui permettront de lutter, enfin, contre les suicides qui ravagent nos rangs. Nous répondra-t-il ?

Suite à mon passage sur ce plateau, nous recevons dans les bureaux d'Unité SGP Police un coup de fil de l'Élysée. Notre interlocuteur nous avertit qu'Emmanuel Macron n'a pas apprécié ma prestation. Il nous précise tout de même que, « C'est bon, le Président a compris votre message ! » Dont acte. Je n'en demandais pas plus : me faire entendre. Au nom des collègues. Pour qu'une inconséquence comme celle du T-shirt LBD ne se reproduise plus. C'était mon seul objectif.

Eux n'ont certainement pas été entendus, les cinquante-neuf policiers qui ont décidé en 2019 d'en finir avec la vie. Le taux de suicide dans notre institution est largement supérieur à celui de la population générale. Un écart de trente-six pour cent[1] ! Pour comprendre cette différence, il faut donc regarder ce qu'il se passe dans la sphère professionnelle. Car les raisons strictement personnelles, qui existent évidemment, ne suffisent pas à expliquer un tel écart. Une telle hécatombe.

Il y a bien entendu des difficultés importantes inhérentes à notre métier. Nous le savions en nous engageant dans la police. Donc nous les assumons. Mais j'aimerais les rappeler brièvement, pour que l'on comprenne bien le contexte dans lequel ces suicides s'inscrivent.

Nos rythmes de travail décalés sont difficiles à vivre et induisent des perturbations physiologiques. Notre quotidien nous expose sans cesse à la pauvreté, à la douleur, à la violence, à la mort : c'est lourd, psychologiquement. Nous avons aussi vu apparaître de nouvelles pressions, voire des menaces, qui se sont mises à peser fortement sur nos services : terrorisme, hausse des violences contre les personnes et les forces de l'ordre, contestations sociales s'accumulant semaine après semaine, mois après mois. Résultat, les chiffres des syndromes d'épuisement professionnel ont

1. Étude-Action relative à la prévention du suicide dans la Police nationale – Équipe PPCT – INSERM U 897 – juin 2010.

explosé, ceux des chocs post-traumatiques également.

Par ailleurs, si nous savons bien entendu que notre métier est dangereux, ce risque professionnel s'est déplacé pour parvenir jusqu'aux portes de nos maisons, dans nos vies personnelles et familiales. Avec tout le stress que cela génère. L'exemple le plus frappant étant celui de la tuerie de Magnanville, revendiquée par l'État islamique, et pendant laquelle un commandant a été tué avec sa compagne, secrétaire administrative dans un commissariat voisin de celui de son conjoint. Un carnage accompli à leur domicile, en juin 2016. Sous les yeux de leur fils de trois ans.

Nous sommes donc confrontés à une violence accrue à notre égard, sans compter la stigmatisation et la mise en cause systématiques dont nous faisons l'objet, que ce soit par la population ou par les médias. Or, nous ne sommes pas des Robocops et, en réalité, nous sommes très attachés à ce que l'on pense de nous : nous nous sommes engagés au service des autres, et lorsque ces autres se retournent contre nous, nous le vivons très mal. Sans doute espérons-nous toujours un peu de reconnaissance.

Tous ces éléments pèsent sur nos épaules. Ce sont des facteurs externes, qui ont une grande importance, bien entendu. Mais le pire, ce sont les facteurs internes au fonctionnement même de notre institution.

Je l'ai moi-même vécu et, dans mes échanges avec les collègues, je continue de m'en rendre compte tous les jours : dans toutes les strates de la police, nous sommes soumis à une pression de rendement constante, chronique, maladive, stérile. Je l'ai déjà évoquée et j'ai expliqué en quoi elle nuit à notre mission. Mais il faut comprendre qu'elle impacte également notre moral. Car cette pression exige de nous non pas la qualité, dont nous pourrions être fiers, mais la quantité, qui nous mine. Quantité de patrouilles effectuées, quantités de notes sans réel intérêt, quantité des interpellations faites par la BAC, quantité des contraventions dressées par la police de proximité, quantité des dossiers judiciaires menés par les agents enquêteurs… Et si ces derniers n'ont pas réussi à identifier tous les auteurs d'une infraction, allons donc, ce n'est pas très grave, il faut faire vite, on leur enjoint de clore leur dossier, dans le but ultime que celui-ci, même incomplet, soit classé résolu. Et au dossier suivant, s'il vous plaît !

Quant au renseignement, on préférera le fonctionnaire collectant un maximum d'informations publiques, quitte à ce que celles-ci soient glanées… sur les réseaux sociaux ! N'importe quel internaute serait capable de le faire. Le renseignement humain n'est plus favorisé : il prend trop de temps, quand bien même il est nettement plus qualitatif, évidemment. Mais nous n'en dirons pas plus…

Rajoutez à cela la complexité hallucinante de la procédure pénale qui encadre les enquêtes et vous comprendrez que nous sommes de plus en plus au bureau et de moins en moins sur le terrain, en investigation. En effet, le temps consacré à la rédaction des procédures représente environ les deux tiers du temps de travail des agents de la sécurité publique et jusqu'aux cinq sixièmes pour les officiers de police judiciaire[1] ! Des chantiers de simplification et de dématérialisation de la procédure pénale ont été mis en œuvre… mais très peu mis en pratique. Et quand ils le sont, ils ne se révèlent pas être à la hauteur des attentes ni des besoins.

Paperasserie et politique du chiffre sont donc aujourd'hui les deux mamelles du système qui régit la police. Outre le fait scandaleux que, pendant ce temps-là, notre pays ne bénéficie pas d'une sécurité publique digne de ce nom, cette stratégie incompréhensible a un effet pervers et dramatique : la souffrance au travail.

1. Chiffres donnés par le rapport de la commission d'enquête du Sénat sur l'état des forces de sécurité intérieure, 27 juin 2018.

Celle-ci est due au sentiment terrible que vivent nombre de policiers d'être mal employés. De ne servir à rien. Une minorité de flics arrivent le matin au bureau et rentrent le soir à la maison, heureux d'avoir passé la journée dans un placard à compter des stylos. Mais la majorité écrasante d'entre nous sommes des femmes et des hommes venus à cette profession pour servir nos concitoyens : c'est un métier de conviction, et certainement pas un métier alimentaire. Nous sommes flics vingt-quatre heures sur vingt-quatre, nous donnons le maximum de nous-mêmes. Et nous serrons les dents lorsque après avoir mis tant d'énergie dans une enquête, nous savons que le trafiquant enfin arrêté fera quelques mois de prison, puis sortira et reprendra son business. Car si le système judiciaire français est déjà moyennement ferme au niveau des condamnations, il ne l'est franchement pas en matière d'exécution des peines !

Et quand après une journée, une semaine, un mois, un an, une décennie..., vous prenez conscience que votre travail est quasiment inutile, que vous passez votre temps à remplir des papiers, que vous ne contribuez pas à la baisse de la délinquance (ou si peu), que donc vous ne servez à rien, que vous êtes seulement un pion entre les mains de technocrates ayant besoin de faire des statistiques, alors vous perdez complètement le sens de votre métier. Et vous vous demandez si vous allez trouver une issue dans la voie professionnelle que vous aviez embrassée avec conviction. Et quand on a le sentiment d'être inutile, on peut en arriver à penser qu'il vaut mieux ne plus exister.

J'exagère ?

Un rapport de la commission d'enquête du Sénat sur l'état des forces de sécurité intérieure a été déposé le 27 juin 2018. Objectif : tenter de comprendre le malaise vécu par les policiers et les gendarmes. Ses conclusions sont édifiantes : « [...] le management au sein de la Police nationale, jugé trop éloigné du terrain et peu à l'écoute des réalités et des difficultés des agents, contribue à la perte de sens du travail et à la démotivation des agents. La commission d'enquête a par ailleurs constaté que si la "politique du chiffre" ne se traduisait plus dans les circulaires officielles, certaines pratiques consistant à mettre l'accent sur les statistiques opérationnelles paraissaient encore ancrées dans les services et étaient perçues comme une pression incessante par les agents. »

Il y a une autre façon de le dire, beaucoup plus simple : « La police m'a tué... » Éric a bien résumé le propos lorsqu'il a murmuré cette phrase dans sa radio, avant de se donner la mort. Lui qui était si empathique, lui qui avait tellement envie d'aider nos concitoyens, je me demande s'il n'était pas dévasté par ce sentiment d'inutilité. Il n'est pas question de faire parler les morts, évidemment, et même si j'ai quelques intuitions sur son geste fatal, je ne peux rien affirmer. Je peux juste continuer de penser à lui et, à travers ces quelques lignes, rendre justice à ce que je connaissais de ses convictions : son besoin très fort de servir la France.

Et Monique ? Cette jeune femme, qui s'est suicidée dans mon ancienne chambre à coucher, venait de divorcer. Peut-on mettre son geste sur le compte de cette situation affective, que nombre de concitoyens vivent ? Peut-être… mais pas seulement. Cette policière venait des Antilles. Elle s'est retrouvée dans la grisaille francilienne. Comme elle, au début de nos carrières, nous arrivons tous de nos provinces et de nos îles respectives, pour nous engager dans une institution qui, nous le découvrons alors avec stupeur, ne nous prend pas en charge. Ni matériellement, ni socialement, ni psychologiquement. J'ai dormi dans une voiture, mais j'étais déjà, hélas, habituée aux coups durs de l'existence. Monique ne l'était peut-être pas autant, qui s'est retrouvée certainement dans une solitude immense, après des journées difficiles à côtoyer la misère sociale. Le déracinement est l'un des maux de la Police nationale. J'exagère ?

Extrait du rapport précédemment cité : « Le cas des policiers affectés en Île-de-France à la sortie des différentes écoles de police est symptomatique des difficultés rencontrées par les policiers au début de leur carrière. Ces derniers subissent la conjonction de conditions matérielles difficiles et d'une affectation géographique en grande partie subie. Si le ministère de l'Intérieur a développé une offre de logements locatifs sociaux, la commission a pu constater que ce service ne parvenait pas à remplir sa mission de manière satisfaisante. Elle a également pu constater que les cas de policiers récemment affectés à Paris, contraints de se mettre en colocation à plus de cinq dans 20 m^2, en alternant les présences entre ceux travaillant de nuit et de jour, voire à dormir dans leurs voitures, n'étaient pas exceptionnels. »

No comment...

Quant à Christophe, il était dans une situation personnelle très difficile. Mais la médecine statutaire a choisi de lui rendre son arme. Pourquoi ?

Il faut savoir que la médecine statutaire, c'est la structure que les policiers rencontrent lorsque, par exemple, ils passent leur concours. C'est elle qui les déclare aptes à exercer leur métier. Mais il y a un second organisme médical : la médecine de prévention. Comme son nom l'indique, elle a pour rôle de veiller à toute altération de la santé des agents, de les conseiller, de les assister..., mais elle n'a pas le pouvoir de déclarer une inaptitude au travail. Pour Christophe, la médecine de prévention avait fort à propos conseillé son désarmement. Ce qui avait été fait. Mais il se trouve que la brigade des métros, à laquelle il appartenait, était alors en manque d'effectifs... Pour réévaluer la situation de Christophe, sa hiérarchie s'est donc sciemment tournée, non pas vers la médecine de prévention, mais vers la médecine statutaire. Or, ce n'est plus un secret pour personne, les médecins de celle-ci livrent des conclusions qui reposent moins sur des critères médicaux que sur les souhaits de l'administration. Résultat : Christophe a été réarmé. Avec les conséquences que l'on connaît. Aujourd'hui encore, aucune responsabilité n'a été pointée.

Il faudrait bien évidemment que le suivi au long cours des policiers se fasse uniquement par le biais de la médecine de prévention. Et qu'il y ait une indépendance entre la surveillance médicale et la police. Mais ce que l'histoire tragique de Christophe illustre également, ce sont les dysfonctionnements de sa hiérarchie qui, en se retranchant derrière l'avis de la médecine statutaire, l'a bel et bien orienté vers son réarmement.

Oui, certains supérieurs hiérarchiques usent et abusent de leur pouvoir... Combien sommes-nous de flics à l'avoir vécu ? Je n'ai pas oublié un certain officier...

Devenir commissaire

Ce jour-là, j'arrive au bureau. Et une douzaine de collègues me tombent dans les bras, à moitié en larmes : « Linda, on n'en peut plus, aide-nous ! » Ils sont à bout car leur officier tyrannise l'ensemble de leur brigade.

Je connais bien celui-ci, pour avoir moi-même subi son despotisme. Il traite ses subordonnés comme des moins que rien, dénigre leur travail, profère des menaces incessantes, compare en public les résultats des uns et des autres, leur donne des missions sans queue ni tête, histoire de les occuper toute la journée comme des hamsters en cage. Peu à peu, mes collègues ont l'impression de devenir des serpillières au service d'un supérieur tout-puissant.

Déléguée syndicale, j'écris donc un tract, cela fait partie de mon engagement et de mes outils. En alertant sur les risques psychosociaux de la situation, j'y remets en cause le management du commissariat de Créteil : remontrances injustifiées, intimidations, reproches incessants, entretiens non réglementaires, vocabulaire dévalorisant... Nous sommes en mars, au moment de la notation annuelle, qui permet d'évaluer l'activité des agents. Pas de raison que le management ne soit pas noté lui aussi, je lui mets un zéro pointé ! Ni une ni deux, le bonhomme, ne se remettant nullement en question, va poser une pseudo-démission sur le bureau de notre chef de service : « Puisque c'est comme ça, moi, je me casse ! » Ô surprise, le chef de service prend alors la peine d'envoyer un mail à chacun des deux cents agents du commissariat ! Quand on sait que, la plupart du temps, la communication interne laisse pour le moins à désirer, c'est assez amusant… Mais cette fois-ci, il est visiblement très important pour ce chef de service d'affirmer, par mail généralisé, la parfaite confiance qu'il accorde à notre officier. Lequel a donc pu revenir dans le service, tout regonflé de testostérone, disant à qui voulait bien l'entendre qu'il allait tous nous « détruire ». Immédiatement, les agents me recontactent : « On arrête là, laisse tomber Linda, supprime ton tract, il va nous faire la peau… »

Oui, il a ce pouvoir. Il a d'ailleurs tenté de me faire la peau, à moi aussi.

Nous sommes en pleine période de notation annuelle, donc. Comme de coutume, j'évoque sur ma fiche mes vœux professionnels : passer en interne le concours de commissaire. Pour être honnête, je n'y avais jamais songé, mais j'y ai été encouragée par plusieurs chefs de service et commissaires. Je décide donc de sauter le pas. Cette année, je sens que c'est le bon moment, après sept ans de service chez les gardiens de la paix. Comme tout le monde, je dois passer un entretien. Et ce jour-là, je me retrouve face... à l'officier dictateur.

« J'ai entendu dire que vous étiez intéressée à passer le concours de commissaire ?, me dit-il. Vous n'ignorez pas qu'il y a une épreuve écrite et une orale. Alors je vous le dis ; c'est très mal barré pour vous. Parce que l'oral, vous ne l'obtiendrez jamais ! Oh, pas parce que vous n'aurez pas réussi l'entretien, ça je vous fais confiance... » Il laisse un temps de silence, pour apprécier son petit effet. « Ce que vous ne savez pas, c'est que l'oral, ce n'est pas uniquement l'entretien. C'est surtout le petit coup de fil que l'examinateur passera en off à votre service d'affectation. Vous comprenez ? Et le chef de service, qu'est-ce qu'il va lui dire, à l'examinateur ? Eh bien, que vous êtes très investie syndicalement... Que vous mettez le nez dans tout ce qui ne vous regarde pas. Bref, votre concours, madame Kebbab, écoutez-moi bien : vous ne l'aurez jamais ! À moins, bien sûr, que vous renonciez à votre syndicalisme. »

Je ne le remercierai jamais assez. L'année précédente, un membre de l'équipe départementale d'Unité SGP Police était venu me voir : « Linda, est-ce que tu accepterais de nous rejoindre ? Et pour ça, d'être détachée à temps plein ? Autrement dit, de militer avec nous et de ne faire que ça ? » J'avais refusé : je me sentais bien dans ma brigade et pas vraiment en capacité de remplir cette mission. Et puis un an plus tard est arrivé cet entretien avec l'officier… J'en sors dépitée. La raison me souffle d'écouter son chantage, de cesser mon engagement syndical et de passer le concours l'année suivante. Mais quelque chose au fond de moi me dit que ce n'est pas la direction que je dois emprunter. Que je serai plus utile ailleurs…

Trois jours après, sans que je m'y attende un seul instant, Unité SGP Police me rappelle pour me renouveler sa proposition. Que j'accepte immédiatement.

Non à cause du comportement choquant d'un supérieur tout-puissant : ce n'est pas cela, le fond du problème. Ce qui m'apparaît en pleine lumière, c'est à quel point certains dysfonctionnements de nos hiérarchies influent lourdement sur nos vies.

Je range mon uniforme et je m'installe au siège de district d'Unité SGP Police, dans le Val-de-Marne. Je suis désormais déléguée à temps plein. Aucune barrette sur les épaules d'un chef ne me déviera de ma route. Aucun camion.

Les poids lourds de la hiérarchie

Ce n'est évidemment pas parce que cela se passe mal dans un commissariat qu'il y a des problèmes partout. Le piège serait de faire d'un cas particulier une généralité et de vouloir moduler la gestion générale en fonction d'une seule situation. Dans toutes les entreprises et institutions, on observe des dysfonctionnements hiérarchiques : c'est propre à l'humain, qui doit s'arranger de la diversité des personnalités, dont certaines provoquent parfois le mal-être d'un groupe tout entier.

Cela étant dit, il faut vraiment comprendre qu'il y a une spécificité très particulière à la police et qu'il est difficile de s'en rendre compte si l'on n'appartient pas à ce corps de métier : notre fonctionnement est hyperhiérarchisé. Nettement plus qu'ailleurs, notamment dans les entreprises privées. En effet, chez nous, les personnes en charge des ressources humaines ont beaucoup plus de poids sur le personnel subalterne et leurs ordres ont beaucoup plus d'incidences sur le moral des troupes. Car nous n'avons pas la possibilité de les contester. Un ordre, c'est un ordre, auquel nous devons obéir, point. Je ne remets pas en cause cette hiérarchisation, elle est normale et fait partie du fonctionnement des forces de l'ordre, basé sur une discipline collective. Mais il faut pouvoir trouver des soupapes qui vont permettre d'échapper à l'enfermement individuel que provoque parfois cette structure pyramidale extrêmement cloisonnée.

Par exemple, quand vous êtes gardien de la paix et que vous subissez une pression anormale de la part de votre supérieur, le seul interlocuteur que vous ayez pour tenter de trouver une solution, c'est… votre supérieur. Celui-là même qui est à la source de votre problème. Embêtant… Nombreux sont donc les collègues qui ne peuvent pas se confier à un responsable, qui se retrouvent acculés et qui, sans espoir de pouvoir un jour résoudre la situation, finissent par entrer en dépression. Jusqu'à envisager, parfois, une tentative de suicide. Ce d'autant plus facilement qu'ils ont évidemment une arme de service à leur disposition.

Même nous, syndicats, sommes parfois démunis. Que faire lorsqu'un agent est victime de son chef de service, à part dire à cette femme ou à cet homme de grade inférieur à lui : « Bon, c'est compliqué de faire muter ton commissaire, il ne veut pas. Donc, tu ferais mieux, toi, de partir ailleurs… »

Il faut savoir également que les responsables de service n'ont quasiment aucun compte à rendre. De plus, le corporatisme catégoriel est très fort : quand un chef fait peser sur les épaules de ses agents une grande souffrance, il est très rare que d'autres commissaires aillent lui parler. Ici, on ne se mêle pas des affaires des autres, fussent-elles potentiellement porteuses d'une catastrophe à venir.

En résumé, notre hiérarchie a droit de vie et de mort professionnelles sur nous. Pour preuve, l'histoire de Christophe : les conseils de la médecine de prévention, qui estimait qu'il était psychologiquement en danger, ne l'ont pas emporté sur les desiderata de son chef de service, qui souhaitait le voir réarmé et donc à même de pouvoir réintégrer les effectifs.

Ces dysfonctionnements du management sont connus de tous. Mais ils sont couverts par un monstre hideux, qui sévit terriblement au sein de la police : l'omerta.

Les têtes dirigeantes sont terrifiées à l'idée de montrer aux Français que nous pourrions avoir des problèmes en interne. Toute situation épineuse est donc étouffée dans l'œuf. On ne cherche pas à savoir, on fait même parfois en sorte que la vérité n'aboutisse pas, au cas où elle puisse nuire à l'image de la police. Et tant pis si celle-ci a normalement pour vocation de travailler à l'émergence de la vérité. Chez les autres oui, mais au sein même de l'institution, pas toujours…

Omerta donc. Avec, pour exemple, cette capitaine de police qui se suicide en avril 2019, dans les locaux de la Sûreté départementale où elle travaille, à Montpellier. Elle a eu des problèmes avec sa hiérarchie, tout le monde est au courant. Problèmes qui seront balayés du revers de la main par l'enquête de l'IGPN. C'est en tout cas ce que notre syndicat pressent. Cette jeune femme était officier, et même si nous sommes un syndicat de gardiens de la paix, dans de telles circonstances nous ne pouvons pas nous contenter de défendre notre propre catégorie. Nous bataillons donc face à notre administration pour obtenir la réunion d'un Comité d'hygiène, de sécurité et des conditions de travail (CHSCT), qui a le pouvoir de faire sa propre enquête. Nous réussissons. Cette externalisation du dossier permettra, je l'espère, de faire la lumière sur le geste dramatique de cette mère qui laisse derrière elle deux enfants. Auxquels nous devons la vérité.

Omerta, aussi, avec cet autre collègue de la circulation parisienne, qui se donne la mort à son domicile. Son frère, qui n'est pas policier, m'appelle : « Écoutez, j'ai l'impression que rien n'est fait pour nous dire la vérité sur son geste. Je ne comprends pas ! Dans le privé, l'enquête aurait été terminée depuis longtemps, ça fait neuf mois déjà… J'appelle partout, on refuse de me répondre et même l'assistante sociale référente de l'administration me demande de ne plus l'appeler. Que se passe-t-il ? » Je tente d'utiliser notre maillage syndical, de prendre contact avec des collègues qui siègent en CHSCT, pour essayer de lui apporter un maximum d'éléments.

Omerta, encore, avec le garde du corps de Muriel Pénicaud, alors ministre du Travail. Il se suicide en décembre 2017. Conclusion du parquet de Meaux : son geste s'explique avant tout par des raisons personnelles. Ah bon ? Qu'en est-il alors de la lettre qu'il a laissée derrière lui, adressée à Gérard Collomb, alors ministre de l'Intérieur ?

Monsieur le Ministre,

Je vous fais part du malaise des policiers et plus particulièrement au sein du SDPP[1]*. Depuis 2012, le service n'a cessé de se dégrader, où le côté humain n'est plus pris en compte. Oui, nous ne sommes plus que des matricules, corvéables à merci ou plutôt à disposition de notre haute hiérarchie qui ne pense qu'à ses privilèges et à se servir en premier.*

Lors des attentats de Charlie Hebdo, *nous avons perdu un VIP*[2]*, et surtout un collègue qui avait fait remonter des informations sur le risque, de plus en plus accru, d'attentat. Onze mois plus tard, notre directeur touchait une prime au mérite qui représente deux ou trois ans de salaire des fonctionnaires à son service. C'est ça, la reconnaissance. Pendant ce temps, les effectifs travaillaient plus, jusqu'à vingt à trente jours ininterrompus.*

Je vous laisse seul juge de la situation. […]

Je vous remercie de m'avoir lu et vous présente mes respects[3]*.*

---

1. Sous-direction de la protection des personnes qui assure, entre autres, la sécurité des personnalités gouvernementales.

2. Une personnalité protégée, en jargon du service.

3. Lettre publiée par lepoint.fr et mise en ligne le 9 mai 2018.

Cette lettre est dénigrée par le DGPN : apparemment, les propos d'un homme mort ne valent rien. Ses derniers mots, désavoués, écartés, salis. Pis, le DGPN écrit au magazine *Le Point* pour exprimer son « dégoût » face à la mise en cause, évoquée dans cette lettre, d'« un haut fonctionnaire qui a toute [sa] confiance ». Pour notre administration, c'est donc tout simple : cet homme s'est suicidé pour des raisons personnelles. Point final. Dossier résolu.

Dégoût, vraiment ? Croyez-moi, il est bel et bien des deux côtés...

Le problème, au niveau des enquêtes, c'est qu'il n'existe aucun moyen coercitif pour imposer l'audition d'un chef de service dont les méthodes ou le comportement semblent poser problème. S'agissant des suicides, l'IGPN n'a pas de pouvoir : ses enquêtes sont purement administratives. Elles deviennent pénales uniquement quand le suicide est la conséquence d'une probable infraction. Sauf que, le système étant opaque et cloisonné au niveau de la chefferie, l'IGPN ne relève jamais d'infraction.

Quelles seraient les solutions ? En septembre 2019, Christophe Castaner, ministre de l'Intérieur, annonce la mise en place d'un numéro vert offrant aux policiers un soutien psychologique, vingt-quatre heures sur vingt-quatre, sept jours sur sept. L'entreprise est évidemment gérée par un sous-traitant externe à notre institution et le service est confidentiel. Heureuse initiative. Mais loin d'être suffisante. Le recours aux psychologues, c'est bien lorsqu'on est à deux doigts de se mettre l'arme sur la tempe... Si l'on veut endiguer le phénomène du suicide dans la police, il faut aller bien plus loin, très en amont du problème.

Même si les patrons n'apprécient pas cette ingérence et s'y opposent systématiquement, il faut absolument avoir le droit d'entrer dans la vie intime des services. Faire un état des lieux pour chacun d'entre eux, un à un. Pour cela, il faut permettre aux agents de faire remonter les problèmes hiérarchiques, il faut pouvoir recouper les signalements sans qu'à aucun moment les fonctionnaires de police qui les ont livrés soient inquiétés d'une quelconque façon. Et il faut, en quelque sorte, forcer la hiérarchie à être bienveillante : si elle ne l'est pas naturellement, alors l'obliger à le devenir par le biais des textes et des lois. Par exemple, donner le droit aux agents de signaler officiellement des dysfonctionnements, et se dire qu'à partir d'un certain nombre de signalements, alors on peut envisager que, oui, il y a un problème au sein du service. Et que des mesures doivent être juridiquement prises.

Il faut sortir du déni : celui des dysfonctionnements existant dans la police. À tout prix, il faut briser cette omerta.

La campagne

L'écoute, je connais ses bienfaits, pour l'avoir beaucoup pratiquée lors des années précédentes. Mais lorsqu'en juillet 2013 je m'engage à temps plein à Unité SGP Police, j'en réalise pleinement le pouvoir. Presque la magie. « Rien que le fait de te parler, de te confier nos problèmes, on se sent mieux », me disent les collègues. « Parce que, du coup, on n'est plus frustrés. Ça fait un bien fou de pouvoir te dire que pour nous, ça va mal quand, là-haut, ils nous répondent sans cesse que tout va très bien. Et puis, on sait que tu vas aller au carton à notre place. »

Et au carton, j'y vais. Jour après jour. Je suis détachée comme déléguée au district de Créteil, affectée à l'hôtel de police. J'y gère quelque mille effectifs répartis entre le commissariat, la cellule anticambriolage, la police technique et scientifique, la salle de commandement (qui répond aux appels du 17), l'état-major du département, le service de gestion RH, les mineurs, les stups, le centre de formation continue du département, le service de garde de la préfecture…

Autant dire que je n'ai pas le temps d'éprouver la nostalgie du terrain ! Je découvre qu'être déléguée à temps plein, c'est faire soixante-dix heures par semaine et être corvéable encore plus que ne le sont les flics. Car la police fonctionne vingt-quatre heures sur vingt-quatre et un collègue peut rencontrer une difficulté n'importe quand. Parfois, sa hiérarchie n'est pas joignable (au beau milieu de la nuit, par exemple), ou bien elle n'est pas en mesure de répondre aux questions qu'il se pose, voire elle est à l'origine même de son problème. Alors le collègue, le plus souvent, appelle… sa déléguée ! À moi de pallier les manquements de notre administration.

Minuit trente, un gardé à vue tente de se suicider en nouant son pantalon autour de son cou. Les pompiers parviennent à le sauver et l'emmènent aux urgences. Le policier responsable des locaux à cette heure-là est totalement désemparé. D'abord, parce qu'un homme a failli mourir sous ses yeux. Ensuite, parce qu'il ne sait pas comment gérer sa propre situation : va-t-on l'incriminer ? Il n'est pas rare que la presse ou les associations accusent les flics d'avoir voulu déguiser une tentative d'homicide en suicide. C'est surréaliste mais c'est comme ça, nous vivons en permanence dans la peur de théories complotistes en tous genres. La hiérarchie du collègue est bien entendu avisée et il y aura une audition administrative, comme à chaque fois dans ces cas-là. Le collègue m'appelle en premier, au milieu de la nuit : « Qu'est-ce que je dois faire, Linda ? »

Deux heures du matin, une brigade interpelle des cambrioleurs dans un magasin. En escaladant la grille, un collègue se blesse : il se transperce la main. Une fois les soins réalisés à l'hôpital, de nombreux documents sont à rédiger : procès-verbal, papiers d'imputabilité et de blessure en service... Et pas mal de questions administratives à résoudre, prise en charge financière des soins et de la convalescence, entre autres. « Linda, qu'est-ce qu'il faut faire ? J'ai des points de suture sur toute la main, je me sens dépassé... » J'entends dans sa voix que ce collègue a surtout besoin de soutien. Sur la pointe des pieds, je quitte mon appartement en laissant ma fille qui dort à poings fermés. Et je débarque au commissariat pour aller le rassurer.

J'entre même jusque dans la vie privée de dizaines d'hommes et de femmes pour tenter de leur apporter des solutions. Un collègue en instance de divorce avec trois enfants et une pension alimentaire à payer, il se retrouve à la rue… à dormir dans sa voiture, il faut l'aider à trouver un appartement : ça, je sais faire depuis longtemps… !

Ou une collègue qui élève seule ses quatre gamins, qui n'arrive pas à joindre les deux bouts avec son maigre salaire de gardienne de la paix. Elle se retrouve avec une enquête sociale sur le dos, elle est au bord de la rupture et, toute la journée, entre deux injures de justiciables et alors qu'elle n'arrive déjà pas à entrevoir de l'espoir pour elle-même, elle doit trouver les mots pour réconforter des personnes dans la même situation qu'elle.

Cet autre flic encore, malade pendant toutes ses vacances. Le jour où il doit reprendre, il l'est toujours. Pourtant, à cause de la journée de carence instaurée dans la fonction publique en cas d'arrêt maladie, il doit retourner travailler, sous peine de perdre une journée de salaire. Et puisqu'il est à la brigade des mineurs, c'est donc le ventre plié en deux qu'il va devoir tenter d'écouter du mieux qu'il le peut des enfants au destin terrifiant.

Nous voulons être professionnels jusqu'au bout des ongles, mais nous n'en avons pas toujours les moyens : l'administration ne veille pas toujours à ce que nous soyons dans de bonnes conditions physiques. C'est donc parfois très affaiblis que nous sommes envoyés au charbon, comme si nous n'avions pas une arme à la ceinture et besoin de toutes nos capacités physiques et psychologiques pour être à même d'en faire bon usage.

Problèmes personnels, manque de moyens dans les services, soucis de management… : voici donc le champ varié de mes activités syndicales. Au carton, oui, et H24. Les collègues s'amusent de ma messagerie vocale sur mon portable : « Bonjour, vous êtes bien sur le répondeur de Linda. Je ne suis pas disponible pour le moment, mais envoyez-moi un SMS, je reste joignable le jour, la nuit. Et même pendant les vacances ! »

Impliquée, donc. Et toujours aussi naïve… Dès mon arrivée en juillet 2013, je frappe à la porte d'un bureau situé dans le même bâtiment que le mien : le local d'un autre syndicat, Alliance. Aux deux représentants qui m'accueillent, je dis que j'ai à cœur de faire du collectif et que, si nous décidions de travailler en intersyndical, nous aurions plus de chance de peser que si nous travaillions chacun dans notre coin. Les deux hommes me regardent de bas en haut… et me rient littéralement au nez. « Retourne dans ton bac à sable jouer avec tes poupées ! », me lancent-ils en guise de réponse.

Suit une litanie de moqueries sur mes talons et mon rouge à lèvres. Moqueries qui, dès lors, vont ponctuer mon quotidien. Surtout, ne pas leur laisser voir à quel point leurs réflexions machistes blessent à la fois ma personne mais aussi mon idéalisme. Moi qui croyais que les valeurs se partageaient entre militants de tous bords… ! Plus d'une fois, je me réfugie dans les toilettes pour pleurer… Quelquefois, j'y croise des collègues, femmes, qui me prennent dans leurs bras et me consolent. Leurs paroles me donnent la force de passer outre.

Et de la force, il en faut. Beaucoup. Syndicalement parlant, mon secteur est en pleine déconfiture lorsque j'y suis détachée. L'hôtel de police de Créteil a longtemps été un bastion historique de SGP Police, mais après une fusion avec Unité, suivie de guerres intestines, c'est Alliance qui a largement repris la main. Résultat : ici, pendant deux ans et jusqu'à mon arrivée, pas de délégué de chez nous (le dernier a démissionné en 2011). Et seulement vingt pour cent des effectifs adhèrent à Unité SGP Police. Le secrétaire départemental qui, il y a deux semaines, est venu me demander de rejoindre l'équipe l'a fait parce qu'il croit en moi. Ce qui est loin d'être le cas de la section régionale ! Cette dernière a validé ma candidature presque à contrecœur : hélas, pas d'autres postulants en vue que cette petite et obscure syndicaliste ! Derrière mon dos, j'entends des bruits de couloir : « De toute façon, dans cette situation désespérée, on est plus à ça près ! » Une situation désespérée, pour eux, c'est le fait que je sois une « gonzesse », comme ils m'appellent. Aucune femme n'a jamais occupé le poste que je viens d'accepter. C'est ma fierté. Mais pour d'autres, un « handicap ».

C'est sans doute pourquoi je mets toute mon énergie dans cette mission. À tout prix, je veux être à la hauteur de la tâche. Je deviens infaillible sur la réglementation, j'apprends la RH et les règles des commissions paritaires sur le bout des doigts en quelques semaines… Il y a bien entendu le besoin de gagner ma légitimité. Et pour être légitime, pour faire taire les quolibets, je veux gagner.

Gagner les élections professionnelles de décembre 2014. Comme tous les quatre ans, elles vont permettre de nommer des délégués syndicaux dans les rangs de la Police nationale. Je veux récupérer le secteur de Créteil, donné comme perdu. Non seulement je veux crier victoire, mais je veux obtenir celle-ci à la majorité absolue. « Tu es complètement folle ! », me disent les collègues auxquels je me confie. Aux responsables du secteur régional, je continue pourtant de l'affirmer haut et fort : « Je ne suis pas là pour faire de la figuration, j'ai vocation à gagner. » Et je refuse de me rallier à leur défaitisme, qu'ils ne cessent de me renvoyer à la figure : « Mais enfin, ma p'tite, tu pars d'un secteur à vingt pour cent ! Alors si tu atteins déjà les trente-cinq pour cent, on pourra s'estimer heureux… »

Pendant un an et demi, seule à y croire, je m'engage à corps perdu dans la campagne électorale.

Une campagne électorale, c'est tout simplement faire son travail de délégué… de manière décuplée. Le jour, la nuit, sept jours sur sept, je travaille au bureau ou à la maison, deux fois plus que d'habitude. « D'habitude » étant déjà loin d'être de tout repos… Je m'épuise physiquement, mais aussi moralement : j'absorbe en continu la souffrance de mes collègues. Leur colère, également. Parfois, celle-ci est quelque peu… opportuniste. Consciemment ou non, certains jouent avec l'enjeu électoral et me demandent des choses presque impossibles à obtenir, par exemple des attributions de moyens sans rapport avec les nécessités du service auquel ils appartiennent. Et si je ne réussis pas, ils me font comprendre que je risque de manquer un vote. Loupé : cette façon de procéder ne fonctionne pas avec moi ! Même chose avec les demandes indues de mutation. En effet, les syndicats peuvent faire preuve d'une hyperingérence en ce qui concerne les avancements et les promotions. Une façon comme une autre de rabattre la clientèle. Pour ma part, et dès le début, je refuse de le faire. Pendant la campagne, des collègues viennent me demander de les aider à grimper d'un grade. Je leur explique alors que je ne peux me baser que sur des critères objectifs : CV et fiches de notation. Que je privilégie les compétences. Et je n'hésite pas à leur dire si leur profil correspond moins qu'un autre à un poste.

Ce refus du clientélisme va-t-il jouer en ma défaveur ?

Quant à la hiérarchie, elle ne se fait pas oublier pendant ces élections. Loin de là. Elle s'en mêle en durcissant le ton avec le personnel : des décisions impopulaires sont tout à coup prises, ou bien, suite au moindre écart, des rapports explicatifs sont exigés. Voire des sanctions appliquées. Les collègues se retournent alors vers les différents délégués en lice pour qu'ils leur trouvent des solutions. Objectif de la hiérarchie : nous épuiser, nous pousser à bout, nous déstabiliser, nous rendre moins efficaces. Et c'est effectivement le risque lorsque, semaine après semaine, nous sommes amenés à lutter contre cette pression grotesque : un commandant s'amuse à scruter de plus près la couleur des chaussettes (les blanches sont interdites, seules valent les noires et les bleu nuit), un commissaire veille soudain fort scrupuleusement à ce que ses hommes soient rasés de près…

Ajoutez à cela la concurrence. Mensonges, diffamation et rumeurs à mon encontre sont les seules armes électorales brandies par les deux représentants d'Alliance qui se retrouvent face à moi. J'entends tout et n'importe quoi devant la machine à café des commissariats ! Le pire, ce sont les *fake news*. J'arrive au bureau le matin, je fais le tour des services pour y récupérer les doléances, voir ce qu'il en est de l'avancée des dossiers et de la situation personnelle de chacun ; et devant un expresso fumant, je me prends soudain une avoinée de reproches sur des faits que je découvre, totalement ébahie. Je suis accusée de compromissions avec la hiérarchie, ou d'initiatives contraires aux intérêts des collègues. C'est ce qu'on appelle chez nous un « chantier », mot nouveau que j'apprends à mes dépens et qui décrit un montage de mensonges en tous genres, réunis pour détruire quelqu'un. Il y a aussi la notion de « découper », autrement dit bâtir un « chantier » pour faire en sorte qu'une personne dégage. En acceptant ce nouveau poste, je pensais plutôt découvrir le sens plein et concret des mots « engagement » et « combat » ! Désillusion.

Chaque semaine, donc, un « chantier » nouveau contre moi. Et chaque semaine, je m'esquinte à devoir rétablir la vérité plutôt qu'à travailler à des choses utiles. Des tracts odieux sont publiés par Alliance, qui me visent directement. J'y apparais sous les traits d'un personnage de dessin animé, affublé d'un minishort, le tout très orienté sexuellement. Alors, à nouveau, direction les toilettes pour me protéger des regards et des oreilles. Au premier tract, je sanglote. Au deuxième, je pleure. Au troisième, je me suis endurcie. Plus une seule larme ne vient couler sur ma joue. Ils peuvent désormais en faire mille, des « chantiers », j'ai le cuir tanné…

Arrive enfin le jour des élections. Je suis fébrile : c'est ma première fois ! Face à moi, une dizaine d'organisations syndicales. J'ai mené le combat avec honnêteté, droiture, sans coups fourrés politiques et en refusant de m'adonner au jeu des mutations et des promotions. J'attends de tout cœur un score que j'aimerais tellement être celui de la reconnaissance.

Résultats : au niveau national, la moyenne des votes sur l'ensemble du territoire français indique qu'Alliance devance largement Unité SGP Police. Nous avons perdu. *Idem* au niveau régional. Grande déception. Mais… dans mon département, le Val-de-Marne, nous gagnons avec dix-sept voix d'avance. Pour la bonne raison que, sur mon secteur, j'ai remporté la mise. Qui plus est, à la majorité absolue : cinquante-quatre pour cent ! Les représentants d'Alliance sont loin derrière moi. En moins d'un an et demi, dans un secteur à vingt pour cent, j'ai assis ma légitimité en triplant quasiment les chiffres.

Je n'en tire pas d'orgueil, mais un immense soulagement : ainsi donc, la façon que j'ai de voir le syndicalisme, et de le pratiquer, n'est pas déconnectée des attentes des policiers. S'ils avaient donné la victoire au clientélisme, au dénigrement, au machisme, à la polémique et à la diffamation, alors je crois sincèrement que j'aurais baissé les bras. Mais ce jour-là, en découvrant le résultat des élections, je me dis une seule chose : oui, ça vaut vraiment, vraiment le coup de me défoncer pour les collègues…

D'autant plus que, face à l'engagement que j'ai mis dans ces élections, il y a eu un prix à payer. Très lourd.

« Dis maman, à quoi ça sert que tu rentres à la maison, puisque tu es toujours, toujours au téléphone, ou bien en train de travailler ? » Ma fille a grandi. Elle a dix ans. La campagne a duré plusieurs mois, elle a été éprouvante. Pour moi, mais bien davantage pour elle. J'ai pris une baby-sitter à domicile, qui voit mon enfant plus souvent que moi.

Le taux de divorce est élevé chez les policiers, en partie à cause des horaires très variables et décalés. Pour les syndicalistes qui les défendent, c'est encore pire : l'impact sur la vie de famille est effroyable. C'est pourquoi il est déconseillé aux militants qui veulent s'engager à temps plein de le faire si leur situation conjugale est délicate.

J'élève seule mon enfant et mon enfant est seule trop souvent. Ai-je eu raison de m'impliquer autant ? Gardera-t-elle des traces de ces années parfois trop solitaires pour une petite fille ? Souvent, je lui explique longuement les raisons de mon engagement et, parfois, dans ses yeux assombris par la colère et les reproches, je perçois un éclat de lumière. C'est furtif, mais je sais ce que c'est : de la fierté. Et j'espère de tout cœur que celle-ci vaincra tout le reste. Ma fille est la seule victoire qui compte.

Femmes flics

« Moi aussi, tu sais, j'ai raté beaucoup de moments avec mon fils », me confie aujourd'hui Élise[1], CRS. Elle fait partie de ces nombreuses femmes flics avec lesquelles j'échange, lorsque aujourd'hui je fais la tournée des services afin d'y rencontrer les collègues et comprendre en quoi leurs situations pourraient être améliorées. « En tant que CRS, nous sommes en déplacement presque la moitié de l'année, alors je n'ai pas toujours été là pour mon gamin. Mais tu sais, il est super fier de moi. Moi, heureusement que mon conjoint, pompier, était là. Il a cru en mes compétences et il continue de m'encourager. » Sophie[2],

1. Le prénom a été changé afin de préserver l'identité de cette CRS.

2. Le prénom a été changé afin de préserver l'identité de cette policière.

quant à elle, travaille à la BAC : « J'aimerais bien intégrer un service d'intervention, mais c'est vrai que se pose la question de la maternité. Alors j'hésite. Pour protéger ma vie de couple, j'ai déjà quitté la BAC de nuit, où je travaillais avant. »

Pour toutes ces femmes, j'aimerais que nous nous engagions davantage afin que notre ministère adopte des mesures pouvant améliorer leur vie quotidienne : création de places en crèche, pools de nourrices adaptés à nos horaires atypiques, soutien scolaire des enfants, aide au transport généralisée, procédure de paiement des pensions par le parent défaillant...

Car nous, les femmes flics, défendons les valeurs de la République, tout comme nos collègues masculins, évidemment. La République devrait donc s'engager activement dans la lutte en faveur de nos droits. En 2018, le gouvernement d'Édouard Philippe a proposé des mesures qui, en entreprise, amélioreront les conditions de travail des femmes et renforceront la lutte contre les discriminations (amende d'un pour cent du chiffre d'affaires en cas d'inégalités salariales, désignation de référents pour lutter contre les violences sexistes et sexuelles...). Mais il faudrait que ces règles ne se limitent pas au privé. Et que les meilleurs élèves en la matière soient les ministères. Celui de l'Intérieur en tête.

Soulignons tout de même qu'en matière de salaires nous avons la chance de faire partie de la fonction publique. Et que, dans ce cadre, une policière ne gagne pas moins que son homologue masculin. Nous sommes tous rémunérés en fonction de notre ancienneté et de notre affectation, non pas en fonction de notre genre.

« 22, v'là les agentes ! », ironisaient les titres des journaux lorsque les premières gardiennes de la paix intégrèrent l'école de police... en 1979 ! Et il faudra attendre 2009 pour que des femmes soient enfin admises chez les CRS. Question recrutement, la situation semble toutefois s'améliorer peu à peu, car la société tolère de moins en moins de telles discriminations. Mais je rencontre encore des situations inacceptables : femme CRS cantonnée au secrétariat, « Bacqueuse » qui trouve portes closes partout où elle postule, enquêtrice encouragée à intégrer une brigade des mineurs plutôt que celle des stups (les clichés ont la vie dure, qui considèrent que les policières sont plus douées pour porter assistance aux femmes et aux enfants), ou bien collègue affectée dans une cellule administrative alors qu'elle aurait préféré la stratégie d'état-major.

D'où l'importance pour moi d'aller régulièrement à la rencontre de ces femmes et d'évaluer leurs problématiques dans les services. Car oui, le ver est souvent à l'intérieur même du fruit ! « Il arrive que des gradés en BAC influencent nos chefs de service pour éviter notre recrutement ! », me confirme Sophie. « La situation évolue, mais une poignée de collègues, en général des anciens, persistent à refuser les policières sur le terrain. Il est arrivé qu'on justifie le refus d'y avoir une femme en évoquant le risque… de relations amoureuses ! Du coup, inconsciemment, je me sens obligée d'être plus forte, plus disponible, moins malade, moins absente, plus hargneuse, que ne le serait un homme. Moins femme, même ! Tous ces petits efforts quotidiens deviennent un sacrifice : le sacrifice de soi. »

Élise a également observé des comportements misogynes dans certaines compagnies de CRS : « C'est vrai que, du coup, on se sent parfois obligées d'être meilleures qu'eux ! Des collègues féminines m'ont même confié que, lors de leurs affectations, certains refusaient de les saluer ! Pour eux, l'erreur d'une femme représente toutes les femmes, là où un homme qui se trompe ne représente que lui-même… Plutôt que d'éduquer nos collègues masculins, l'administration a maladroitement voulu nous imposer, voire nous a mises en avant, accentuant leur rejet. Il faudrait plutôt qu'elle leur enseigne à nous accepter et à nous respecter ! Et il serait important de ne plus nous recruter pour répondre à des quotas, mais uniquement pour nos compétences, sinon cela finit par nous nuire ! »

Ces exemples malheureux illustrent un quotidien souvent tu, parce que l'image de la grande famille de la police est bien plus importante à sauvegarder que l'égalité ne l'est à être instaurée.

Il faut dire que la police reste un métier très masculin. Dans les faits : il y a moins de trente pour cent de femmes parmi les gardiens de la paix. Et dans les inconscients collectifs. L'image de la force physique masculine est largement utilisée pour minorer la place des femmes dans les forces de l'ordre : pourront-elles vraiment parvenir à tenir tête à un individu récalcitrant sur la voie publique ? Parviendront-elles à maintenir un rapport d'autorité ? « Malgré ce que pensent beaucoup d'hommes qui en font un argument, ce n'est pas la force physique qui fait un bon flic », affirme Élise. « Par exemple, sur la voie publique, les gens sont souvent agréablement étonnés de voir des femmes CRS, ça a tendance à les apaiser. » « Moi, ajoute Sophie, en patrouille, j'ai le sentiment d'être moins défiée par des hommes que ne le serait un effectif masculin. Mais j'ai bien sûr conscience que le rapport de force physique n'est pas le même, quand bien même j'ai été lutteuse de haut niveau ! Enfin, n'oublions pas que notre grande souplesse et notre physiologie sont souvent des avantages lorsqu'il faut escalader ou se glisser dans des lieux étroits ! »

Personnellement, je n'ai pas eu à défendre ma place parmi les hommes policiers. En revanche, je ressens un plafond de verre dans le syndicalisme : c'est plus difficile de convaincre (ces messieurs !) que les femmes y sont légitimes. Car il y a cette croyance qu'il faut un homme pour engager un rapport de force. Or, notre mission est de négocier avec nos interlocuteurs administratifs (à quatre-vingt-dix-neuf pour cent, masculins), d'engager avec eux un bras de fer et d'être très technique. Autant de compétences qu'on accorde plus volontiers aux hommes. Toutes organisations confondues, aucune femme n'a donc jamais été élue secrétaire générale. Les collègues féminines étant de préférence reléguées à des postes de trésorerie ou de comptabilité.

Je suis la seule femme à avoir jamais occupé le poste dont j'ai la charge aujourd'hui. Et je sais que le public et parfois même mes interlocuteurs s'arrêtent les premières secondes sur le fait que je ne sois pas un homme. La tenue que je porte, mes talons et mon rouge à lèvres, encore et toujours ! C'est triste à dire mais, pour moi, tout moyen d'accroche est… bon à prendre. Alors si pour pouvoir me faire entendre il faut d'abord que je me soucie de la couleur de ma robe, je n'ai pas de scrupules à le faire : j'assume ! Pourquoi ? Parce que je sais que derrière ces artifices, il y a quelque chose de plus profond : le discours est là, qui suit les apparences. Et qui finit par les remplacer.

Grosse fatigue

Nouvelle déléguée à temps plein dans le Val-de-Marne, je viens de gagner les élections professionnelles de décembre 2014. Mais la campagne électorale, que j'ai entamée quasiment dès mon arrivée à ce poste, m'a épuisée : des mois et des mois d'engagement sans relâche pendant lesquels, véritable éponge émotionnelle, j'ai absorbé les problèmes et les souffrances endurés par mes collègues.

Après cette période intense, puis les fêtes de fin d'année, j'arrive donc au bureau fatiguée mais tout de même un peu plus sereine : désormais, je vais pouvoir travailler dans des conditions confortables, avec un nouveau rapport de force et davantage de crédibilité aux yeux de ma section régionale, et donc de mes pairs. Mais les choses vont se passer différemment. Parce qu'un matin, il y a eu cette déflagration phénoménale. Et tout a explosé avec.

7 janvier 2015. Attentat contre *Charlie Hebdo*. Police choquée, ébranlée, bouleversée, en deuil. Quelques mois plus tard, le 13 novembre…

Nous sommes en première ligne. Débordés et assaillis de toutes parts. Avec force nous reviennent en boomerang les politiques de restrictions budgétaires des années précédentes, que ce soit en moyens, en effectifs, en formation, en stratégie, en visibilité. Un des pires moments que la police française ait jamais connus sous la Ve République. Pour faire face au terrorisme, on doit mettre le paquet, sauf que ce paquet-là, on ne l'a pas ! Pour combler les lacunes accumulées depuis des lustres, toutes les strates des forces de l'ordre sont obligées de compenser et se retrouvent aux abois : les directeurs mettent la pression sur les commissaires, qui mettent la pression sur les officiers, qui mettent la pression sur les gardiens de la paix. Lesquels, à Créteil, se tournent vers la petite syndicaliste que je suis.

Conséquence directe des attentats : une sur-sollicitation immédiate des effectifs. Bien au-delà du raisonnable. Les collègues renoncent à leurs congés, font des heures de rallonge invraisemblables, les entorses à la réglementation ne se comptent plus. On me demande de trouver des solutions, je m'adresse à la hiérarchie, qui me renvoie aux exigences du moment. Rien à redire à cela. Le problème, c'est que les besoins légitimes du collectif font éclater en mille morceaux les digues qui protègent les situations individuelles. Je me retrouve à faire de la RH, j'essaie de jongler entre le management des troupes et la nécessité de service. Bref, à faire un travail qui n'est pas le mien, mais plutôt celui des officiers et des commissaires.

Déléguée dans un secteur de mille effectifs, je me retrouve à aller de service en service, brigade par brigade, unité par unité, groupe par groupe, faire la liste de tout ce qu'il manque : gilets lourds, voitures, pistolets-mitrailleurs... Je dresse un inventaire que l'administration aurait dû faire depuis longtemps, sauf qu'il n'y a plus aucune stratégie à long terme dans la police. La gendarmerie, quant à elle, va budgéter à n+2, n+3, alors que chez nous prévaut le bricolage à n ! « On est en pleine alerte attentat, Linda, et moi, depuis la sortie de l'école, je n'ai toujours pas reçu mon gilet pare-balles ! » m'explique Audrey[1]. « Alors, c'est sûr, on m'en a prêté un, mais... c'est un modèle pour homme ! » Or, le

1. Le prénom a été changé afin de préserver l'identité de cette policière.

gilet pare-balles doit être au plus près du corps pour avoir une quelconque utilité. Je comprends donc la peur que je lis dans les yeux d'Audrey : comme moi, elle sait parfaitement que, si on lui tire dessus, son gilet ne la sauvera pas. Ou bien, « Linda, tu te rends compte, s'insurge Olivier[1], on nous demande d'aller faire des patrouilles autour des synagogues. Sauf qu'on n'a pas de voiture ! Quand on dit ça au chef de service, il nous répond : allez-y à pied ! Mais à pied, on devient des hypercibles ! » Ainsi, au retour des collègues, la hiérarchie cochera la case « Patrouille effectuée ». Au risque d'y avoir perdu un flic…

Comme un policier se prend à longueur de journée toute la misère sociale de la population, la déléguée syndicale que je suis se prend à longueur de journée toute la misère sociale des policiers. J'accumule. Je me bats contre des moulins à vent pour tenter d'apporter des réponses au mal-être général. Et au fil des semaines et des mois, ma force devient une faiblesse. Une faille béante par laquelle s'engouffre la sensation de ne pas réussir à en faire assez : je voudrais tout solutionner mais je n'y parviens pas. Et je me

1. Le prénom a été changé afin de préserver l'identité de ce policier.

prends en pleine figure la colère légitime des collègues, parce que l'administration ne répond pas, ou si peu, aux besoins de leurs missions. Épuisés, à bout, ils finissent par me reprocher les dysfonctionnements de leur hiérarchie. Je leur réponds que je suis là pour eux, que je les comprends, que je fais de mon mieux, mais que je n'ai pas le pouvoir de signer la facture d'une voiture…

Aussi ai-je la boule au ventre lorsque je pars travailler, avec cette sensation d'aller en terrain hostile. Une partie de moi sait que ce sentiment est exagéré, mais je n'arrive plus à prendre de la distance, ni à penser clairement. Surtout, je ne trouve plus aucun plaisir à ce que je fais, je ne vois plus que l'aspect négatif de ma mission.

Par ailleurs, pendant ces mois si difficiles pour notre pays et pour les flics, je me sens terriblement seule. Unité SGP Police a perdu les élections en décembre 2014, tant au niveau régional que national, et mon syndicat est aux abonnés absents. En septembre 2015, Yves Lefebvre est élu secrétaire général, mais la politique ambitieuse qu'il met en place demande une année avant de s'installer et de porter ses fruits. Le syndicalisme est très hiérarchisé, je ne connais pas vraiment cette nouvelle direction nationale, le bureau régional est donc mon seul interlocuteur.

Mais les membres de ce dernier, en pleine déconfiture depuis les résultats de décembre 2014, ne sont pas en mesure de m'aider. Trop occupés parfois, en cette période post-électorale, à sauver leur propre place au sein de l'organisation ou à se battre pour un avancement, une mutation, un siège dans un comité ou une commission stratégique. Par ailleurs, ils me font clairement sentir que je ne fais pas partie des leurs. Et je comprends soudain que, dans leurs esprits, la représentativité ne se gagne pas à l'efficacité sur le terrain syndical. Mais à l'appartenance, ou non, au « clan ». Et moi, encore une fois, je n'entre pas dans la « bonne case »... Je découvre que certains craignent de me voir attribuer, au sein de la région, des postes sur lesquels ils lorgnent depuis des années et que, pour m'empêcher d'y accéder, le meilleur moyen est de ne pas me confier de responsabilités plus importantes. Étonnamment donc, je paye ma victoire électorale. La petite syndicaliste, autrefois ignorée de sa section régionale, devient soudain un danger pour ceux qui ont échoué mais qui, pourtant, continuent d'occuper des postes à responsabilités. À nouveau, des « chantiers » se montent contre moi.

Ma déception est immense. Soutenue par personne, laissée à moi-même, je me sens de plus en plus impuissante. Et, peu à peu, assez désespérée.

Mais je tiens. Je tiens tant que la menace terroriste est au sommet de la vague, tant que mes collègues ont besoin de moi. Peu à peu, le tsunami djihadiste s'éloigne. Et au printemps 2016, je m'écroule. Besoin de m'absenter plusieurs semaines.

Semaines salvatrices pendant lesquelles je récupère et réfléchis. Et au bout desquelles je décide de quitter Créteil et le Val-de-Marne. À la fin de l'été, j'ai récupéré mes forces et je réendosse mon uniforme : je redeviens une fonctionnaire de police lambda, j'intègre une grande direction régionale à la préfecture de police de Paris. Retour sur le terrain, donc. Une immense bouffée d'oxygène… Enfin, je me retrouve.

J'ai mis fin à tous mes mandats syndicaux. Sans regrets. Ou presque.

L'avenir du syndicalisme

Un moment donné, j'ai donc fermé la porte du syndicalisme. Pourtant, je n'ai jamais arrêté de croire en lui : sa mission est noble. Je regarde son histoire, ses acquis, et je suis fière de la place prépondérante qu'il occupe dans la défense des travailleurs. Aussi, je ne cesse d'être révoltée lorsque je vois que certains, engagés dans ce combat, le sont... en théorie. Confondant syndicalisme et... *syndicratie*. J'ai vécu les détestables tares de celle-ci, lorsque j'étais déléguée dans le Val-de-Marne. Et aujourd'hui encore, je les observe, indignée.

Comment ne pas l'être ? La *syndicratie* consiste, pour certains, à prendre un mandat syndical sans avoir la moindre fibre militante, dans le seul intérêt d'obtenir un semblant de pouvoir sur les agents de terrain. Elle permet de bénéficier, au détriment de ces derniers, de promotions accélérées et injustes ; de se planquer dans un bureau avec un volume horaire confortable et en dessous du temps de travail réglementaire. Et elle fait même preuve de plus de frilosité et d'immobilisme que l'administration que ces gens prétendent combattre ! Ce système est servi par des personnes parfois nuisibles, qui sont entrées dans le syndicalisme parce qu'elles ont vu de la lumière sous la porte, ou parce qu'elles y ont été infiltrées par ceux que les collègues appellent à juste titre les « planqués », les « profiteurs ». Ces apparatchiks profitent d'un système qui ne leur demande rien, et surtout pas de rendre des comptes. Ils ne font que défendre leurs propres places et, pour ce faire, passent leur temps à faire tomber des têtes en interne et à s'assurer que les délégués les plus investis ne puissent jamais exercer pleinement leur militantisme. Ils se croient dans un épisode de la série politique *Baron noir*... version *low cost* ! Juste parce qu'ils ont le sentiment de parler de temps à autre avec des gens importants, au sommet de l'administration ; et parce qu'à longueur de journée ils mettent en place des stratagèmes pour éviter qu'une personne ne soit élue ou réélue. Mais en réalité, c'est manquer franchement d'ambition que de vouloir faire carrière dans un syndicat, que d'avoir des visées sur quelques indemnités et des horaires cool !

Je dis toujours : « Si vous êtes ambitieux, ne faites pas de syndicalisme ! Lancez-vous en politique, montez une société ou quittez la police ! » Car dans un syndicat, contrairement à ce qui peut se passer dans une entreprise publique ou privée, il n'y a pas de rêves personnels à atteindre, de plans de carrière à élaborer, d'appétits à assouvir. Les seules raisons de faire partie d'un appareil comme le nôtre sont le progressisme et les avancées sociales. Et là, il n'y a rien à gagner. Hormis, et c'est le seul objectif, l'amélioration des conditions de travail de nos policiers et de leur efficacité, pour la sécurité des Français.

Le syndicalisme policier est donc un appareil terriblement rouillé, obsolète, il a du mal à avancer, à changer, à se remettre en question. Au sein d'Unité SGP Police, je milite pour que nous réformions notre fonctionnement, pour que nous définissions une ligne politique plus claire, pour que nous véhiculions des valeurs d'engagement dites et assumées. Et à tous ceux qui n'ont plus rien à faire dans notre organisation, j'enjoins d'avoir le courage de partir. On ne peut plus accepter la présence ineffective de *syndicrates* travaillant à leur propre avantage, ou faisant alliance avec des partis politiques par calcul, par accointances. Ma parole est libre, autant dire que des « chantiers » continuent de se monter contre moi : certains n'apprécient pas cette vision d'un syndicalisme modernisé. Qui plus est, enfer et damnation, vision donnée par une femme...

Pour ma part, je ne nourris pas d'ambitions personnelles au sein de mon engagement. Je travaille au jour le jour, avec ardeur mais sans me projeter sur le moyen ni le long terme, sans penser à la position que j'occuperai demain. Mon seul objectif est de chercher sans cesse à affiner mes connaissances juridiques, administratives et techniques, nécessaires pour défendre les dossiers. Mais si un jour je fais le diagnostic qu'Unité SGP Police n'est définitivement pas ce que j'attends d'une organisation syndicale, si je m'aperçois que l'apparatchisme est indécrottable et l'appareil bien trop englué pour se réformer, c'est tout simple : je partirai.

Pourtant, je veux garder espoir. La nouvelle génération est là, qui promet un bel avenir au syndicalisme. Je pense notamment à Grégory Joron, aujourd'hui secrétaire général délégué. Il est sur tous les fronts, s'implique corps et âme, et se révèle être l'une des étoiles montantes d'Unité SGP Police. J'échange continuellement avec lui et nous partageons avec un immense plaisir nos idées et nos méthodes de travail.

Quant à Yves Lefebvre, secrétaire général élu en septembre 2015, il a fait un travail phénoménal pour assainir notre organisation. Au bureau national comme au sein des régions, il a fait en sorte que ne soient pas maintenus en mandat les *syndicrates* ayant vendu leurs convictions à des politiques et s'étant compromis avec eux dans des jeux d'alliance. Ce grand ménage a permis à Unité SGP Police de retrouver peu à peu indépendance et force d'action.

Yves Lefebvre est un grand secrétaire général. C'est grâce à lui qu'un jour je me suis réconciliée avec le syndicalisme. Et qu'après avoir mis fin à mes mandats, j'y suis revenue.

Le retour

Au fond, je suis peut-être revenue grâce à elle aussi. Elle qui me dit, en me regardant droit dans les yeux :

« Je vous conseille de ne pas pointer les problèmes du doigt. Sinon, c'est vous qui allez devenir le problème ! »

Elle est commissaire dans le service où j'exerce désormais à Paris. Je viens de lui faire part d'un dysfonctionnement dans notre service : vendredi dernier, des collègues ont eu besoin d'une voiture pour une mission commandée, mais celle qui leur est normalement allouée n'était plus disponible. Car une brigadier-cheffe est rentrée chez elle en utilisant le véhicule et en le gardant à sa disposition personnelle tout le week-end. Comme presque chaque soir et chaque fin de semaine, d'ailleurs. Je n'ai pas souhaité m'en mêler, estimant que ce n'était pas mon affaire.

Mais elle est venue me reprocher de ne pas l'avoir couverte.

Depuis que je suis à Paris, je n'ai plus de mandat syndical, mais les collègues continuent de se tourner vers moi pour que je gère les situations problématiques. Les réputations nous suivent et chacun est au courant de mon passé à Unité SGP Police. Et je ne peux m'empêcher de prêter main forte, dès lors qu'il y a dysfonctionnement. Ou abus de pouvoir, comme dans le cas présent. À la demande de mes collègues, j'interviens donc auprès de notre hiérarchie. Mais la brigadier-cheffe en question est l'épouse d'un commissaire. Aïe ! Et il est un ami proche de celle qui vient de me lancer, sans sourciller, que je suis en train de devenir le problème ! Commissaire elle-même, elle protège sa caste. J'insiste pour défendre mon point de vue :

— Rendez-vous compte, mettre les moyens de la police, déjà limités, au service d'intérêts personnels ?! Où est la vertu dans tout ça ?

— Mais quelle vertu, madame Kebbab ? Vous êtes complètement naïve… Vous êtes pourtant un excellent agent. Quel dommage, vraiment…

Je tombe des nues.

De ce jour, on commencera, et on ne cessera plus, de me reprocher mon passé syndical, comme si c'était une tare. On me fait comprendre, encore une fois, que ma carrière pourrait pâtir de cet engagement. Pourtant, je suis régulièrement citée en exemple dans les réunions de section pour mon travail et ma méthodologie : « Linda est la dernière arrivée, mais nous nous félicitons de la qualité de son travail, de sa pertinence. Elle a parfaitement compris sa mission. » Au point que je reçois un jour les félicitations du préfet. Mais tout cela ne vaut rien, à partir du moment où j'ai l'outrecuidance de vouloir dénoncer des problèmes qui, pour certains, devraient être mis sous cloche.

C'est vrai : la syndicaliste en moi est toujours présente. Je ne peux pas aller contre ma propre nature. Je tiens un blog où j'écris des billets d'humeur et des tribunes, je partage mes publications sur les remontées du terrain, mes analyses, mes prises de position... Sur Internet comme dans la « vraie vie », je suis transparente. C'est alors qu'un homme me remarque : Jean-Louis Arajol.

Cet ancien secrétaire général de SGP[1] dans les années 1990 m'a suivie sur mon blog. Il se renseigne sur moi, notamment à Unité SGP Police, au bureau régional d'Île-de-France. Convaincu qu'il faut à nouveau me détacher à temps plein, il

1. SGP : Syndicat général de la police.

parle ensuite de mon profil à Yves Lefebvre et lui conseille de me réintégrer. Yves Lefebvre sait qui je suis, sans pour autant me connaître réellement : nous nous étions croisés pendant des manifestations lorsque j'étais détachée à temps plein dans le Val-de-Marne. Il connaît donc mon engagement. Mais surtout, il comprend que, dans mes publications sur Internet, je ne brasse pas du vent : les résultats des élections que j'ai gagnées en 2014 sont là pour le prouver. Il propose que nous nous rencontrions.

Ce jour-là, je ne suis pas inquiète : je n'attends pas grand-chose de cette entrevue. Je ne m'y rends pas à reculons, mais presque ! Car si je suis partie de la section régionale d'Unité SGP Police, je sais très bien pour quelles raisons. Il n'est pas question que je retourne là-bas, au milieu des apparatchiks et des *syndicrates*. J'explique à Yves Lefebvre que je me suis consacrée pendant des années à notre structure. Que je n'ai jamais rien attendu d'elle, hormis le fait qu'elle me donne les moyens de ma mission. Et, lui dis-je, je suis peut-être arrivée au bout de ce que j'ai à donner...

Yves Lefebvre m'écoute attentivement. Puis tente de me persuader de ne pas claquer définitivement la porte car, en pleine refonte du bureau, il a besoin de militants comme moi. Il me propose de continuer l'aventure avec Unité SGP Police.

Mais cette fois-ci au niveau national. Malgré mes déconvenues et mes déceptions passées, j'ai envie d'accepter. J'hésite. Puis je repense à cette commissaire, qui n'aime pas les doigts pointant les problèmes. Et je me rends compte qu'on ne peut pas changer l'institution policière sans être intégré dans des organisations faites pour réaliser ces mutations. Batailler seul est un combat perdu d'avance. Le mandat syndical donne une liberté d'action formidable. En ce sens, il est une immense responsabilité, c'est pourquoi j'en veux aux tenants de la *syndicratie*, qui bousille cet outil génial que nous tenons entre les mains.

Alors c'est oui. J'accepte la proposition d'Yves Lefebvre. Mais encore faut-il que ma nomination à ce poste soit acceptée par Unité SGP Police.

Réunion du bureau permanent. Ce jour-là, ils sont une dizaine de personnes. Secrétaire général adjoint, trésorier, chargés des conditions de travail, des CRS, du juridique, de la communication, ou du paritarisme et de l'avancement... On me racontera la séance, à laquelle évidemment je n'assisterai pas. Yves Lefebvre soumet le souhait de me faire détacher au bureau national. Tous sont surpris : la plupart d'entre eux ne me connaissent pas, ou à peine. La section d'où je venais ne nous permettait pas de nous faire entendre au-delà de la région, nous étions en vase clos, muselés par des guerres intestines. Ou alors, certains ont entendu parler de moi par le biais des « chantiers » dont j'ai été la cible. Bref, je n'arrive pas en terrain conquis. Convaincu de son choix, Yves Lefebvre décide de parier sur moi et prend le risque de remettre en question son mandat et son statut de secrétaire général : il demande un vote de confiance.

Résultat : le bureau permanent le suit. Ce jour-là, je deviens déléguée nationale…

Je ne serai pas toujours d'accord avec Yves. Et heureusement ! J'espère que nous débattrons et aurons toujours quelques dissensions politiques… Quoi qu'il en soit, je n'oublierai jamais le risque qu'il a pris pour ma nomination, ni la confiance qu'il m'a accordée. Je lui serai toujours reconnaissante et loyale.

Printemps 2018. Je prends mes nouvelles fonctions au siège national d'Unité SGP Police, à Paris. Par ma fenêtre, je regarde le périph, sombre et gris sous la neige qui tombe. Les biffins[1] de la porte de Montreuil ont étalé leurs maigres stands. Le paysage me fait penser à un

1. Chiffonniers. Par extension, vendeurs de friperie, de petite quincaillerie, d'objets dont on ne connaît pas la provenance.

océan sillonné par des bateaux. Je griffonne quelques lignes : « Grise mer et blancheur des écumes. Des fenêtres, le port grouille de marins affairés, d'échoppes, de poissons. À la périphérie des océans, le spectateur est englouti par le ronflement des navires qui sillonnent le boulevard, ils sont couverts de prélarts et les bagnolets, de goudron… » Écrire un peu, pour lever l'anxiété.

Car en réalité, je suis morte de peur ! J'ai l'impression que l'appareil est au complet, et je ne vois pas ce que je peux lui apporter. Yves m'explique qu'il a besoin d'une personne ayant des capacités de synthèse et d'analyse. Mon job : quotidiennement, lui faire des notes. Beaucoup, beaucoup de notes. Sur l'actualité, par exemple : je dévore la presse, mais surtout, je pars moi-même à la pêche aux renseignements, j'active le réseau de mes sources, je vais sur le terrain pour collecter des informations. Je rédige également des comptes rendus sur l'activité parlementaire. Car je réalise que le bureau n'a pas pris l'habitude de suivre ce qui se prépare au niveau législatif, que nous finissons donc par subir les lois. Or, pour être un groupe d'influence, il faut pouvoir se positionner en amont. Par conséquent, j'analyse et synthétise les travaux législatifs en cours, ce qui nous permettra de faire des contre-propositions sur les lois et les amendements. J'écris aussi des argumentaires pour les prises de position publiques d'Yves Lefebvre. Et puis vient ce jour dont je me souviens parfaitement. Yves n'a pas le temps de faire un plateau télé et il m'en parle.

« Écoute Linda, j'ai toujours été d'accord sur tes prises de position, me dit-il. Alors cette fois-ci, c'est toi qui vas aller défendre notre point de vue sur le plateau de France Info. »

Je suis stressée, flippée, tremblotante. Nous sommes le 29 mai 2018. Attentat terroriste de Liège. Deux policières tuées : un homme s'est emparé de leurs armes et les a abattues. Je me raisonne, je surmonte ma peur des caméras et ma méconnaissance totale de la manière de parler aux médias. Je sais que ce drame dépasse de loin ma petite personne. Et je me lance. Je réponds aux questions du journaliste et je dénonce un fait scandaleux : parfois, comme dans le cas présent à Liège, certaines hiérarchies françaises font faire leurs patrouilles de police par des binômes. Or, il est impératif d'être trois au minimum. Cette triangulation est essentielle pour assurer les arrières des uns et des autres. Cet évènement dramatique me permet donc de faire passer cette revendication syndicale si importante pour la sécurité des flics et des Français.

Sitôt le plateau terminé, je suis très étonnée : je reçois beaucoup de messages, sur les réseaux sociaux ou au téléphone. « Mais moi, madame Kebbab, dans mon commissariat, on nous interdit les patrouilles à trois ou à quatre ! » m'apprend-on. Nous mobilisons immédiatement nos délégués, qui contactent les commissariats incriminés dans les messages, afin d'imposer les trinômes. Quel impact à partir d'une simple interview ! Je réalise alors le pouvoir des médias, de la communication, des images et du son…

Ce jour-là, je suis née médiatiquement. Semaine après semaine, mois après mois, je continuerai à enchaîner les plateaux télé. Peu à peu, je gagnerai en assurance. Portée par la certitude, le vif espoir en tout cas, qu'une interview peut améliorer la situation de mes collègues et jouer son petit rôle pour la protection de leurs vies, pour une meilleure efficacité de leurs missions au service des Français. Je ne suis finalement pas devenue journaliste, mais je passerai énormément de temps avec cette profession ! Je répondrai à des milliers de questions. Sur la crise des gilets jaunes, sur la gestion des manifestations par notre administration, sur le LBD, sur les « violences policières », sur les cinquante-neuf suicides de flics en 2019, sur la politique du ministère de l'Intérieur, sur les propositions de loi en matière de sécurité publique, sur les dysfonctionnements de nos hiérarchies…

Et puis, en mars 2020, sur une crise que personne n'aurait jamais imaginé vivre un jour : celle du coronavirus.

La pandémie

Je l'ai dit, je dévore la presse. Pour cela, je n'hésite pas à sortir des canaux classiques des médias *mainstream* et des chaînes d'infos en continu. Dès la mi-février, je découvre donc la Covid-19 dans des publications scientifiques chinoises, traduites en anglais. Puis dans des comptes rendus de l'Organisation mondiale de la santé ou dans des articles du *New England Journal of Medicine*, du *British Journal of Medicine* ou de l'université d'Oxford, qui en exposent les signes cliniques et le mode de transmission.

C'est ma méthode : aller chercher l'information à la base, toujours. Qu'il s'agisse de mouvements sociaux (comme celui des gilets jaunes), d'antiterrorisme ou... de santé publique. Ne pas suivre la rumeur, ne pas être influencée par les réseaux sociaux, ne pas s'intéresser uniquement aux discours officiels, surtout sur un sujet où les intervenants semblent se contredire d'un journal télévisé à l'autre. Être au plus près du renseignement de terrain. Et dans le cas de la Covid-19, ce renseignement-là est fiable uniquement s'il provient de scientifiques. C'est pourquoi je les suis à la trace, au fil de leurs publications médicales.

Rapidement, je relève la contagiosité redoutable de ce virus. Et peu à peu, j'en acquiers la certitude : une crise sanitaire grave se profile. Immédiatement, je tire la sonnette d'alarme auprès de mon organisation syndicale, je préviens mes collègues que ce virus est plus pernicieux qu'on ne le croit et qu'il ne provoque certainement pas une simple « grippette ». Dans nos bureaux, les personnes sont originaires de plusieurs régions de France et rentrent chez elles le week-end, il y a donc la possibilité que le virus puisse être transporté par l'une d'entre elles, dans un sens comme dans l'autre. Alors, dès mi-février, je décide d'appliquer scrupuleusement les gestes barrières et de garder mes distances. Plus de bises, plus de poignées de main. Certes, je suis une révoltée, mais je sais aussi être disciplinée ! J'espère faire prendre conscience de la situation à mon entourage professionnel, mais on me catalogue... dans le dossier des extraterrestres. En rendez-vous extérieurs, ce n'est pas mieux : élus ou experts de la sécurité que je rencontre sont presque choqués par la distanciation que j'installe systématiquement.

Pourtant, je suis presque certaine que nous allons bientôt vivre un confinement. Ou du moins que nous allons devoir changer nos modes de vie. Me revient le souvenir de mes séjours en Asie, notamment au Japon ou en Malaisie. Là-bas, dans les villes, j'avais été frappée par l'omniprésence de cet accessoire consommable : le masque sanitaire. Pas un trajet dans un métro, un bus ou un train sans constater que la majeure partie des usagers le portaient. Étonnée, j'avais demandé à mes hôtes de m'en expliquer l'intérêt. Contenir un virus et éviter une paralysie de l'activité économique, m'avaient-ils répondu. Mais en France, ce confinement de nos voies ORL n'est pas dans nos mœurs et au début de l'épidémie je me dis que c'est bien dommage. Il est déjà compliqué de faire comprendre l'intérêt de la distanciation sociale, alors le masque... !

Nous sommes à la mi-février. L'affaire Benjamin Griveaux bat son plein. Les frasques sexuelles de cet homme politique LREM intéressent bien plus la France que les morts dans la province de Wuhan ! Par conséquent, le monde politique, toujours à l'affût de suivre l'opinion publique plutôt que de la devancer, est en train, pour certains, de gérer le scandale, pour d'autres, de l'exploiter. Cafouillage général.

Le 24 février, Yves Lefebvre saisit la DGPN en lui adressant un courrier : les services disposent-ils de tous les matériels de protection nécessaires : masques, gants, lunettes... ? Et quelles sont les instructions que les policiers devront suivre face aux personnes contaminées ? Réponse de l'administration : la distribution de masques n'est pas à l'ordre du jour ; et la distanciation sociale suffira amplement...

Sauf que les policiers sont de plus en plus nombreux à être infectés. Un cluster à Saint-Ouen, un autre à Cannes, ou dans des groupements de CRS, et dans plusieurs régions françaises. Au commissariat de Sanary-sur-Mer, en Provence-Alpes-Côte d'Azur, ils sont quatre collègues, puis cinq, puis six à être touchés. Le 26 février, un premier Français meurt des suites de la Covid-19, dans l'Oise, sans qu'un lien direct entre lui et l'Italie ou la Chine ait pu être établi. Le virus s'est donc clairement installé sur notre territoire.

12 mars 2020. La fermeture des écoles est annoncée par Emmanuel Macron. J'alerte Yves Lefebvre et Grégory Joron sur la nécessité de demander à notre autorité de prévoir un nouveau plan opérationnel. Il faudra en effet nous caler sur l'activité des tribunaux qui, forcément,

sera bientôt limitée au strict nécessaire. Les forces de l'ordre devront donc passer en mode dégradé (mode qui baisse le nombre des effectifs dans les services, afin d'adapter l'activité judiciaire et garder une réserve opérationnelle saine, celle-ci pouvant être utilisée ultérieurement dans le cas où les contaminations seraient massives au sein de la police).

Dans le même temps débute une guerre : celle des masques que l'administration nous refuse.

Le 14 mars, Unité SGP Police demande, et obtient, la fermeture du commissariat de Sanary : un septième policier a été contaminé. Lui et tous ses collègues sont placés en quatorzaine. Alors vraiment, vous êtes sûrs, seule la distanciation sociale suffit ? Le 17, confinement général. Le 19, Christophe Castaner persiste et signe : il déclare aux médias que les policiers ne sont pas « en risque » face au virus. Mais le 21, suite à notre demande une semaine plus tôt, il nous fait passer en service dégradé.

Sauf qu'il nous est absolument interdit de porter le masque sur la voie publique ou à l'accueil du public. Excepté si la personne contrôlée est soupçonnée d'avoir la Covid-19. Et d'un coup d'un seul, nous voici donc habilités à détecter le coronavirus, comme si nous étions médecins ! Et tant pis pour nous si la personne est présymptomatique… En revanche, si elle présente des signes cliniques, nous devrons aller chercher nos masques dans la boîte à gants de nos voitures, car impossible de les garder dans la poche, pour éviter de les abîmer ou de les contaminer. Or, même en pleine crise sanitaire, les contrôles liés au respect du confinement restent moins nombreux que les missions urgentes (intervention et secours), pendant lesquelles les gestes barrières sont évidemment inapplicables. Et on peut se demander en quoi ce port du masque est anxiogène pour la population (c'est l'un des arguments avancés par notre hiérarchie), alors que chaque soir le directeur général de la Santé égrène le nombre de morts, par centaines, et celui des personnes en réanimation, par milliers. Le 18 mars, je poste un message sur Facebook :

« Chaque jour, de nouveaux cas de Covid-19 sont constatés chez les policiers, mais l'administration leur intime l'ordre de retirer les trois pauvres masques qu'ils ont. Pourquoi cette décision alors que la distanciation sociale répétée par les scientifiques est impossible dans une voiture de patrouille et chaque fois qu'un policier/gendarme intervient au plus près des requérants-victimes-mis en cause. Et les personnes que nous sommes chargés de contrôler, comment s'assurer qu'elles ne nous contaminent pas et inversement ? Esthétisme politique et pauvreté matérielle ! Les forces de l'ordre vont devenir des bombes virologiques pour leurs proches et la population ! »

Évidemment, nous comprenons que le milieu médical soit prioritaire. Mais visiblement, la gestion politique de la crise se fait sur la base de la pénurie, et non sur celle des recommandations scientifiques. Proscrire le port du masque chez les policiers, c'est un peu comme si, du jour au lendemain, on nous empêchait d'endosser nos gilets pare-balles parce qu'il n'y en aurait pas pour tout le monde !

Pendant que la polémique enfle sur le manque de matériel sanitaire, pendant que tribunes, coups de gueule, pétitions ou annonces d'actions en justice se succèdent, je décide pour ma part de passer à l'action.

Courant mars, un cantonnement de CRS est inquiet. En mission depuis deux semaines à Nice, il est notamment chargé du contrôle de la frontière franco-italienne. Et sur la cinquantaine d'effectifs, une dizaine est contaminée, mise en quatorzaine dans les chambres. Les hommes contactent Unité SGP Police. Ils demandent à passer le test. Et à ce qu'il soit financièrement pris en charge par l'administration. Normal, s'ils sont infectés, c'est qu'ils l'auront été dans le cadre de leur mission et pendant leur temps de travail. Par ailleurs, ils veulent savoir. Car dans une semaine, ils vont rentrer chez eux, à Marseille, et ne souhaitent évidemment ni transporter le virus, ni mettre en danger leurs proches.

Yves Lefebvre et Grégory Joron saisissent la Direction centrale des CRS. Mais le veto de l'administration est sans appel, suivi et soutenu par celui de la DGPN : pas question de faire tester les hommes. Même sur leur temps de repos. Encore moins en utilisant les véhicules de service pour qu'ils se rendent dans un laboratoire (leurs quartiers sont très éloignés du centre-ville). Pourquoi ? Craindrait-on de devoir lever le cantonnement, si jamais trop de personnes étaient contaminées ? Reculerait-on devant la corvée administrative que représenterait alors le fait de devoir réfléchir au remplacement des hommes ? Paresse bureaucratique ou inconscience ?

Je prends mon téléphone. Et j'appelle le cabinet de Christian Estrosi, maire de Nice. Je l'informe de la situation, je fais appel à son sens des responsabilités : des CRS sont en train de contrôler les Niçois, alors même qu'ils sont susceptibles de porter le coronavirus. Je lui demande de prendre en charge les tests. Il contacte immédiatement le préfet des Alpes-Maritimes afin d'obtenir son accord. Mais celui-ci botte en touche : il est le représentant de l'État, mais apparemment et surtout, celui du gouvernement. J'insiste auprès de Christian Estrosi. Je remue ciel et terre, je sollicite même Martine Vassal, présidente du conseil départemental des Bouches-du-Rhône d'où sont originaires les collègues, pour qu'elle appuie ma demande auprès du maire de Nice. Ce qu'elle consent à faire. Bingo ! À vingt et une heures, le cabinet de Christian Estrosi me donne son feu vert : c'est d'accord, la municipalité de Nice va prendre en charge les tests de la 53e compagnie de CRS. J'appelle immédiatement le collègue qui nous a contactés : « Demain matin, vous pouvez aller vous faire tester : le maire fait ouvrir un laboratoire spécialement pour vous, toute la matinée. Et surtout, prenez les voitures ! »

Heureusement, aucun des hommes testés ne se révèle positif au virus. Ils rentrent chez eux, sereins. Pendant ce temps, notre action provoque bien des émois au sein de notre ministère, piqué au vif par cette démarche menée hors circuit administratif. Et ce n'est pas terminé…

Ce matin-là, Grégory m'appelle : « Écoute, Linda, j'apprends qu'une entreprise privée, qui fournit les établissements scolaires gérés par la région Auvergne Rhône-Alpes, aurait un stock d'un million de masques. Je n'ai pas d'autres infos. »

Ensemble, nous appelons l'entreprise en question, elle ne répond pas au téléphone, ses employés sont certainement tous confinés. Je décide donc de contacter la région. Un coup de fil, deux, trois, quatre, je finis par obtenir le collaborateur du président, Laurent Wauquiez. Je lui explique longuement la situation. Laurent Wauquiez me rappelle. Il me confirme que ses services ont effectivement reçu des masques, déjà distribués, mais qu'ils vont en recevoir d'autres et qu'ils vont doter en priorité les soignants, les EPHAD, les médecins libéraux, les pharmaciens et même, bien que cela ne soit pas dans les prérogatives de la région, les personnels hospitaliers, normalement sous la responsabilité de l'État : « Je ne peux quand même pas les laisser en difficulté », me dit-il.

Je lui expose la situation catastrophique des policiers qui, avec les gendarmes, sont en charge d'assurer le confinement de tout un pays. Je lui explique cette doctrine ubuesque mise en place par le ministère de l'Intérieur, qui leur interdit de porter des masques. Je lui parle des violences conjugales, en hausse de quarante pour cent, ce qui augmente d'autant les interventions à domicile, et allez respecter la distanciation d'un mètre avec un mari agressif… « Effectivement, tout ça n'est ni acceptable ni humain », me répond-il. Je le sens très touché par ce que vivent nos flics. Mais il ajoute être désarmé : s'il s'occupait de la police, il irait bien au-delà de son rôle. Il va réfléchir, il me rappellera.

À ce moment-là, peu m'importe la politique. Peu m'importe le parti auquel appartient Laurent Wauquiez. Je cherche seulement des masques pour nos policiers, pour leur santé et pour éviter qu'ils ne contaminent les Français. Le reste ne compte pas, j'assume. Deux jours plus tard, son cabinet me rappelle et me demande de faire un chiffrage du nombre de masques nécessaires par rapport au nombre des effectifs dans la région. Cinquante mille, cela me semble raisonnable pour tenir une bonne dizaine de jours, en attendant que le ministère de l'Intérieur se réveille. « OK, me répond-on, on a un pont aérien avec la Chine, on va en recevoir et on va vous en sortir cinquante mille. Mais sachez que, quelques jours après votre appel, un autre syndicat policier nous a interpellés, pour la même demande. Qu'est-ce qu'on fait ? »

Mon ennemi, ce n'est pas le syndicat concurrent. Mon ennemi, c'est la Covid-19. Je leur dis qu'il n'y a aucun problème et je leur propose de faire cinquante-cinquante entre les deux organisations. Le 14 avril, nous recevons les masques en question. Et nous enjoignons aux effectifs de les porter : leur santé prime sur la doctrine ministérielle, pas question de se laisser intimider par cette dernière. Les discours nous interdisant de porter des masques que nous sommes parvenus à obtenir par nos propres moyens sont injustifiables.

Motivée par ce succès, je réitère l'opération pour la région Île-de-France, auprès de Valérie Pécresse. Le 17 avril, nous recevons de sa part cinquante mille masques. Mais je sais que le ministère de l'Intérieur, furieux, commence à mettre la pression sur les régions pour faire cesser mes initiatives. Alors, discrètement, j'en démarcherai une autre. Avec la même issue favorable.

Valérie Pécresse, Laurent Wauquiez, Christian Estrosi… Uniquement des personnalités de droite… Dans l'absolu, ça m'est totalement indifférent. Mais qui donc, alors, va me tomber dessus comme la petite vérole sur le bas clergé ? Non pas l'administration, non pas les syndicats concurrents. Mais les *syndicrates* de ma propre organisation !

C'est vrai, je suis allée au-delà des fonctions qui me sont habituellement dévolues. Mais à urgence exceptionnelle, démarches exceptionnelles ! Et puis, m'aventurer hors des sentiers balisés, je le fais sans cesse. Et d'ordinaire, cela arrange bien les affaires de ceux qui, ainsi, n'ont pas à plancher sur leur table de travail pour remplir leur mission syndicale. Par ailleurs, je ne me suis pas adressée à des politiques. Mais à un maire et à des présidents de région, là où géographiquement nos collègues ont eu besoin de réponses immédiates. Autrement dit, j'ai contacté des interlocuteurs adaptés à une situation, élus démocratiquement par mes concitoyens et ayant le pouvoir de répondre à ma demande. C'est ce que j'appelle le syndicalisme républicain.

Donc, non, je ne « fricote » pas avec les partis politiques, comme l'ont persiflé les divers « chantiers » qui ont été lancés à mon encontre suite à mes initiatives. Je vomis cette accusation. Je ne supporte pas que les syndicats se couchent devant tel ou tel parti, bleu ou rouge, au détriment de l'intérêt collectif. C'est quelque chose que je ne cesserai jamais de dénoncer. Avant l'élection d'Yves Lefebvre, nous avions un secrétaire général proche de François Hollande et qui avait accepté tout ce que Manuel Valls, alors ministre de l'Intérieur, lui demandait de signer. Sans que les collègues y trouvent le moindre avantage, la moindre réponse à leurs revendications. Ce temps existe-t-il encore ? Quand partiront ces dinosaures, ces *syndicrates* installés à des postes-clés ? Ils finissent par user les militants qui, comme moi, estiment que nos positions ne doivent pas être dictées par nos couleurs politiques respectives, mais par ce que nous estimons être cohérent avec notre engagement.

Une nouvelle fois, certains essaient donc de me mettre dans une case qui n'est pas la mienne. Je suis viscéralement attachée aux luttes sociales et aux acquis que les travailleurs ont peu à peu obtenus, je ne me reconnais donc absolument pas dans ces nouveaux « chantiers » concoctés contre moi. Mais l'essentiel est de rester fidèle à ce que je suis. À ces valeurs d'engagement inculquées dans mon enfance par mes parents dans ce petit F4 d'une cité de Vaulx-en-Velin. Valeurs que j'ai eu tant de chance de recevoir.

C'est ce que je me dis, pendant le confinement, lorsque je regarde avec tristesse certaines banlieues s'enflammer. « Mort aux flics », criaient dans les années 1990 les jeunes de mon quartier. « Mort aux condés », entend-on en pleine crise sanitaire. Dans les hôpitaux comme dans certains quartiers, la crise du coronavirus fait ressurgir avec force tous les manquements de l'État, accumulés depuis des années, des décennies…

Territoires confinés

17 mars 2020, Aulnay-sous-Bois : policiers piégés dans un guet-apens, pavés et barres de fer. 24 mars, Beauvais : pavés, fracture du crâne d'une adjointe de sécurité. 29 mars, Saint-Denis : autre guet-apens, cailloux, fusées, tirs de mortier. 2 avril, Pantin : poubelles en feu, engins pyrotechniques. 5 avril, Bordeaux : pierres, pavés, projectiles de toutes sortes, dont un frigo. 20 avril, Villeneuve-la-Garenne, Gennevilliers, Nanterre, Rueil-Malmaison, Suresnes, Aulnay-sous-Bois, Villepinte… : jets de pierres, incendies de poubelles et de véhicules… 6 mai, Vénissieux : un policier lynché au sol.

La liste est longue, j'en passe, et des pires. Comme cet homme en insuffisance respiratoire, à Étampes, fin mars. Les pompiers qui se rendent sur place sont caillassés, ils font appel à la police. Insultes, projectiles, LBD, grosse galère… Les pompiers peuvent finalement intervenir. Trop tard : le monsieur décède.

Tout au long de la crise du coronavirus, chaque soir, les Français ouvrent leurs fenêtres pour applaudir le personnel soignant. Pendant ce temps, mes collègues s'en prennent plein la figure. Sur la voie publique, les effectifs sont renforcés pour faire respecter le confinement et certains trouvent intelligent de s'amuser au jeu du chat et de la souris avec nous. Qu'une voiture sérigraphiée « Police » se profile et bingo, c'est la fête foraine. Tous les jours, je reçois des remontées de terrain. Entre le 17 mars et le 5 mai sont recensés trois cent soixante-dix-neuf faits de violences urbaines visant les forces de l'ordre. Quarante-trois policiers blessés, dont certains très gravement. Cent soixante-quatre villes touchées.

Les collègues sont pris dans un étau. D'un côté, la poignée de jeunes qui n'attendent qu'une chose, « se faire un flic ». De l'autre, notre administration, qui nous demande de ne pas agir.

À Nanterre par exemple, un e-mail interne a été envoyé, demandant aux brigades d'éviter les contrôles dans certaines zones sensibles. Et le 18 mars, Laurent Nuñez indique aux préfets de police que « le respect du confinement dans les quartiers n'est pas une priorité ». Que fait-on alors des habitants de ces cités qui, dans leur écrasante majorité, n'ont rien à voir avec les délinquants qui leur pourrissent la vie ? Eux ne demandent qu'à vivre en paix… et en bonne santé. Au nom de quoi laisse-t-on délibérément la bride abattue à quelques réfractaires potentiellement contagieux ? Quand vous avez dix jeunes qui trafiquent du stup au pied d'un immeuble et qui contaminent les parties communes, ce sont les personnes âgées qui, à cause d'eux, risquent de contracter le virus. Ces délinquants réduisent à néant les démarches altruistes dans lesquelles s'est engagée une partie de la jeunesse du 93, notamment en allant faire des achats à la place de leurs aînés ou en désinfectant portes, boîtes aux lettres et halls d'immeubles.

Et quand bien même nous pourrions faire notre travail dans les quartiers, nous serions critiqués : au prétexte de la discrimination et de la stigmatisation, une partie de l'opinion publique blâme les forces de l'ordre si elles ont le malheur de dresser un procès-verbal à ceux qui bafouent les mesures sanitaires. Sauf que les laisser faire, c'est justement les laisser tomber malades. Et que les discriminer, c'est justement ne pas les verbaliser !

Cette idéologie, qui n'est rien d'autre qu'une infantilisation des habitants de ces quartiers, est dangereuse. Parce qu'elle donne l'autorisation à une minorité de défier, de caillasser, de brûler, de dégrader, de provoquer tous les soirs les forces de l'ordre, mais également les pompiers et le SAMU. Et s'il y a des blessés, ce ne sera pas leur faute. Mais celle de la police, forcément...

Exemple : 18 avril, Villeneuve-la-Garenne. Un jeune est grièvement blessé à la jambe dans un accident de moto-cross, après avoir percuté un véhicule de police. Les réseaux sociaux s'emballent, crient à la bavure. Les collègues sont accusés d'avoir sciemment provoqué la chute du motard. Une professeure d'histoire-géographie du 93 se joint à la meute : « Encore une fois, les quartiers populaires sont la cible des pires atrocités de la part de la police » affirme-t-elle sur Twitter. L'enquête validera la version des policiers : l'homme, non casqué, roulant sans feux et à vive allure, a percuté la voiture à l'arrêt au feu rouge, en la doublant par la droite et en changeant de trajectoire au dernier moment. Mais le mal est fait : des nuits d'émeute ont suivi ce drame.

Suite au post de cette femme, j'interpelle l'Éducation nationale et l'académie de Créteil dont elle dépend. Mais je me doute bien qu'il n'y aura pas de suite : bien que les agents du service public aient une obligation de neutralité, ces militants d'idéologies radicales ne sont jamais sanctionnés. Jamais...

La question des territoires dits « perdus » de la République est devenue, par la force des choses, un sujet policier. À la base, cette problématique s'appuie pourtant sur des aspects économiques et sociaux, que je laisse à des spécialistes en la matière. Pour ma part, je dénonce la réalité vécue par les flics : c'est vrai, il y a des zones de non-droit en France. Mais aux extrémistes de l'Hexagone, particulièrement aux xénophobes, je le dis clairement : je refuse que mes propos soient récupérés par leurs thèses foireuses et populistes. Ils prétendent défendre les policiers alors qu'en réalité ils nous utilisent pour vomir sur des Français qu'ils ne trouvent pas assez Français, mais ils ferment les yeux lorsque l'un de leurs cadres nous traite de « police fasciste qui mutile les gilets jaunes ».

La crise du coronavirus remet dans la lumière nos territoires « perdus », comme elle le fait avec nos hôpitaux « abandonnés », et c'est bien à l'État qu'en incombe la responsabilité.

J'ai grandi dans l'une de ces cités. Je n'en éprouve aucune honte, je ne renie pas une seule seconde cette enfance dans les barres d'immeubles de Vaulx-en-Velin. Nous n'avions pas le choix financier de vivre ailleurs et nous faisions partie de cette immense majorité victime des agissements de quelques-uns. Lorsque mon père partait travailler à quatre heures du matin, il trouvait parfois sa voiture fracturée. Soit par le gamin habitant juste au-dessus, soit par celui vivant trois étages plus bas. Des jeunes la plupart du temps en décrochage scolaire. Aujourd'hui, on nous dit : « C'est la faute des parents, ils sont dépassés, ils n'ont pas transmis les valeurs. » Soit. Mais une fois ce diagnostic posé, plutôt que de passer notre temps à dénoncer ces carences éducatives, il faut que l'État prenne la relève. C'est son rôle.

Et donc remettre des moyens dans les écoles, baisser le nombre d'élèves dans les classes, faire revenir les assistantes et assistants éducatifs qui ont été effacés du paysage scolaire. Lutter contre les déserts médicaux, parce que le médecin et l'infirmière de quartier ont également un rôle social : leur présence est vécue dans les cités comme celle de l'État et du service public. Et bien entendu, il faut ramener les policiers dans les quartiers.

Dans cette optique, en 2018, le gouvernement a mis en place la police de sécurité du quotidien (PSQ), résurgence de la police de proximité supprimée en 2003 par Nicolas Sarkozy. Cette PSQ a été notamment implantée dans les quartiers dits de « reconquête républicaine ». Le concept est intéressant : être proche des gens, aller à leur contact, régler les problèmes du quotidien, assurer la sécurité du quartier, lutter contre la délinquance et le harcèlement sexuel... Le souci n'est donc pas le concept. Mais sa mise en œuvre.

En effet, en région parisienne et dans les grandes métropoles, à forte densité de population, les PSQ ont été mis dans des quartiers difficiles où, de fait, les commissariats sont en sous-effectifs. Plutôt que d'embaucher des policiers, on a donc pris Paul à police secours, Pierre à la brigade anticriminalité, on leur a fait enlever leur uniforme pour le troquer contre un flambant neuf, et on leur a dit : « Maintenant, vous allez faire de la PSQ ! » Donc au final, il n'y a pas davantage d'effectifs sur ces zones-là, on les a juste nommés différemment. Vaste blague...

Quant à leurs missions, elles ne diffèrent pas tellement de ce qui se fait habituellement. Prise de contact avec les commerçants et gardiens d'immeuble, visite des caves et des parties communes pour débusquer de la drogue, enlèvement de véhicules ou de scooters volés servant à la livraison des stupéfiants... Lorsque j'étais à police secours, combien de fois ai-je accompli ces missions avec ma brigade ?

Le vrai problème, c'est qu'en réalité la prévention ne se mesure pas. On sait compter le nombre d'actes criminels et de délinquance, on sait évaluer les taux d'élucidation. Mais on ne sait pas mesurer quelque chose qui n'est pas arrivé. Or, nos gouvernements successifs demandent à la police de fonctionner sur des chiffres à l'année. On va s'intéresser au nombre d'interpellations plutôt qu'à celui des « non-commissions » d'infraction. Remettre la police dans la chaîne de la prévention, c'est lui permettre de ne pas être axée sur le chiffre, de la laisser faire du renseignement, de lui donner le temps nécessaire pour agir en profondeur dans les quartiers.

Et quand il le faut, oui, assumer le fait que la police a aussi un rôle répressif.

Car on ne peut pas faire éternellement de la pédagogie avec les délinquants, les dealers, les receleurs ou ceux qui braquent à longueur d'année la pharmacie du coin... Il faut que l'administration laisse les policiers agir, afin de permettre à ceux qui veulent vivre en paix de pouvoir le faire. Il faut qu'on arrête de nous demander de ne pas intervenir, de ne pas lutter pleinement et de manière pérenne contre le trafic de stups ou la rapinerie, au prétexte que ceux-ci sont un revenu pour des familles. Il faut que tous les élus, à échelle nationale et locale, ne ferment plus les yeux sur toutes ces défaillances. Voire qu'ils cessent, pour certains, d'en être complices. Car les banlieues sont une réserve électorale de personnes qui peuvent voter, et surtout influencer le vote des habitants, en fonction de ce que l'on voudra bien leur donner : postes à responsabilités dans les municipalités, financements associatifs écrans ou tolérance sur les trafics...

L'État préfère aujourd'hui mener dans ces zones sensibles une politique dite de paix sociale. Mais c'est une paix simulée, vérolée : le temps d'un mandat, les Français ont le sentiment que les choses se passent à peu près bien dans les quartiers (en tout cas, ceux qui n'y vivent pas !). Pendant ce temps, les politiques attendent d'être réélus, plutôt que de mettre en place de véritables mesures qui, à un moment donné, vont nécessiter de crever des abcès. Avec, certainement, de la violence à la clé. C'est pourtant le prix à payer pour assainir la situation et rétablir la paix. Une vraie paix, cette fois-ci.

Par ailleurs, quand l'État est défaillant sur ces territoires dits « perdus », en réalité, il ne les perd pas. Il les « abandonne » à d'autres. Et notamment à des idéologues. Ces derniers distillent dans les cités des discours xénophobes vis-à-vis de la France. Ils combattent tout ce qui représente l'État. Dont la police.

Je pense notamment aux militants indigénistes.

Il est essentiel pour chacun de connaître son histoire, ses origines, les combats que ses ancêtres ont menés. C'est pourquoi il est important, au nom de la liberté des peuples à disposer d'eux-mêmes, de dénoncer les affres de la colonisation. Mais quand cette prise de conscience devient une arme dressée contre l'autre, contre tout un pays, on ne peut rester impassible.

Personne ne peut nier l'intention louable des associations antiracistes qui, au début des années 1980, revendiquaient le droit aux Français issus de l'immigration d'être des citoyens à part entière. Malheureusement, elles ont fini par dévier totalement : elles ont délaissé l'universalisme qu'elles louaient pour donner naissance à de nouveaux collectifs, bien plus incisifs. Au sein de ces derniers, et aux yeux et à la barbe des autorités, des militants radicaux se servent aujourd'hui de la colonisation et de l'esclavagisme passés. Qui, selon eux, serait toujours patents. Ils font croire aux plus jeunes qu'ils sont encore sous la tutelle d'un colonisateur, d'un *dominant* qu'ils doivent combattre. Même par la violence.

Leur militantisme, souvent incarné par des femmes érigées en icônes, car considérées comme plus rassembleuses, s'est transformé en « lutte intersectionnelle », autrement dit, ils font converger dans leur combat plusieurs formes de discrimination : racisme, islamophobie, pauvrophobie... De plus en plus présents dans les milieux influents, ces militants sont journalistes, avocats, syndicalistes, politiques, professeurs... Ils font également appel à des people qui mettent leur notoriété au service de la démocratisation de leurs idées, de leur « combat », avec toujours pour argumentaire le racisme prétendument systémique des institutions et de la police. Leur idéologie, distillée à force d'omniprésence dans les quartiers et grâce à des financements aux origines incertaines, est organisée autour de plusieurs thématiques : décolonialisme des esprits ; détestation des forces de l'ordre, jugées partie intégrante de l'arsenal de domination ; rejet de la République dont les valeurs – notamment celle de la laïcité – serviraient selon eux à bâillonner les minorités dominées ; nécessité d'accaparer un territoire sur la base de critères ethniques et cultuels. Car, en plus de toujours racialiser leurs discours, ils prennent en otage la religion, qu'ils ne maîtrisent pourtant pas. Mais ils savent qu'elle peut être un excellent vecteur de communication, surtout auprès d'une jeunesse en quête d'un cadre moral indiscutable.

L'installation dans notre pays de ce mode de fonctionnement, très efficace pour convaincre des foules et né chez les Afro-Américains, est le *community organizing*. Il gagne du terrain, grâce à la surmédiatisation de quelques militants bien formés et subventionnés, dont je tairai le nom pour ne pas leur faire de publicité. Issus de minorités « racisées », ils bénéficient (en compagnie de militants d'autres pays répondant aux mêmes critères qu'eux) de voyages d'échanges aux États-Unis pendant lesquels ils suivent des stages d'émulation et de formation à la réappropriation du territoire. Ils découvrent alors de nouvelles pratiques et d'autres modes d'organisation. Au centre du dispositif : le département d'État américain (à travers son ambassade en France). Celui-ci, très soucieux de tisser des relais de renseignements partout, accompagne les mutations dans les banlieues et s'engouffre jusque dans nos quartiers. C'est ainsi que certains employés français de l'ambassade des États-Unis « recrutent » des militants répondant aux critères ethniques énoncés. Un donnant-donnant : faciliter le *community organizing* contre de la collecte d'informations dans les cités où l'État français ne se déploie plus.

Et ça paye. Pendant les émeutes françaises de 2005 et 2007, les services de l'ambassadeur américain Craig Roberts Stapleton étaient mieux informés des troubles au pied de nos immeubles que ne l'étaient les services de police français, grâce notamment à leurs liens directs avec des membres associatifs locaux.

Autre exemple : le Black Panther, mouvement afro-américain séparatiste qui, dans les années 1970, s'est engagé contre les violences de la police ségrégationniste. Aucune comparaison raisonnable n'est aujourd'hui possible entre forces de l'ordre américaines et françaises, mais cette organisation, ses modes de pensée et d'action se sont fait connaître dans nos quartiers : certains de ses militants y interviennent grâce à des associations qui font appel à eux. En 2013, le conseil municipal de La Courneuve nommait une école primaire « Angela Davis », militante du Black Panther. Nommer un lieu, c'est occuper l'espace.

Et ainsi se répandent, dans les quartiers désertés par notre État, le rejet du *dominant* et la haine à l'égard des institutions. Par à-coups, régulièrement, la pression monte. Et parfois, le volcan explose. La lave coule, brûle sur son passage ce qu'il reste de raison, quitte nos cités et s'infiltre jusqu'au cœur de nos grandes villes. Comme ce 2 juin 2020, où elle finit par atteindre les portes du tribunal de grande instance de Paris.

Arabe de service

« Justice pour Adama ! » scandent les adolescents et les jeunes adultes rassemblés, ce jour-là, devant le Tribunal de Paris. Ils ne sont pas quelques centaines, non, ils sont plus de vingt mille à venir défier, sur son parvis, l'institution judiciaire.

Dans les cités, les deux mois de confinement ont été vécus difficilement par une certaine jeunesse. Le volcan a commencé alors à gonfler, gronder, menacer. Il ne manquait plus qu'une étincelle pour mettre le feu aux poudres. Et elle est survenue : la mort d'un Afro-Américain de quarante-six ans, George Floyd, asphyxié par un policier lors de son arrestation à Minneapolis. C'était le 25 mai 2020, il y a neuf jours. En plein déconfinement. Partout dans le monde, et à juste titre, l'indignation et la colère. Un mouvement humaniste dont l'énergie magnifique a semblé décuplée par l'enfermement subi des dernières semaines. Une collision de conjonctures. Et le volcan soudain explose. En France, un collectif surfe sur la coulée de lave : « La vérité pour Adama. »

En 2016, Adama Traoré, vingt-quatre ans, est décédé suite à son interpellation par des gendarmes, dans le Val-d'Oise. Une tragédie. L'affaire est en cours d'instruction. Quatre années de lenteur judiciaire durant lesquelles, face à ce silence dramatique, s'échafaudent assez naturellement des thèses complotistes : «Le système nous cache des choses, il protège les forces de l'ordre... » Réaction somme toute compréhensible, en tout cas attendue. Pour apaiser les esprits, le procureur aurait pu, aurait dû prendre la parole ; des médiateurs et des éducateurs dignes de ce nom, bien formés, auraient dû être envoyés dans les quartiers pour expliquer, répondre aux questions, calmer la colère. Mais strictement rien n'a été fait. De son côté, la famille Traoré a régulièrement organisé des rassemblements durant lesquels elle a raconté sa vérité, sans toutefois parvenir à réunir autant de personnes que ce 2 juin.

Ce jour-là, la manifestation n'est pas autorisée par la préfecture de Paris, à cause des précautions sanitaires post-confinement. Et en fin de journée, des incidents finissent par éclater. Barricades enflammées de poubelles, scooters, trottinettes et autres Vélib'. Vitrines de commerces et abribus explosés. Périph' bloqué. Poings levés : *« Black lives matter »*, « Justice pour Adama ! » L'expression « violences policières » est sur toutes les lèvres, gangrène les esprits, enfle jusqu'à devenir un monstre de caricature : les policiers seraient tous, par définition, « racistes ». Le mot est lâché, son écho est amplifié par l'affaire George Floyd. La coulée de lave continue de se répandre, d'autres manifestations ont lieu, dans de nombreuses villes, pendant plusieurs semaines. La France est divisée. Et les extrémistes de tous bords, dont les thèses navrantes se nourrissent les unes les autres, se frottent les mains.

Dénoncer les problèmes, oui, sans la moindre réserve. Exprimer sa souffrance par la colère, pourquoi pas. Mais prendre pour armes le mensonge et la haine, qui plus est sur le dos des forces de l'ordre, je ne suis plus d'accord.

Mensonge, c'est certain, quand la sœur d'Adama Traoré ne cesse de répéter aux journalistes que les gendarmes avaient *décidé* que ce dernier allait mourir. Ce, parce qu'il était noir. On parle donc ici d'assassinat, ni plus ni moins. Et de racisme caractérisé. Je comprends la douleur de la jeune femme : n'importe qui ayant des jeunes frères aurait raison de soulever ciel et terre pour les défendre et les protéger. Mais pourquoi travestir la vérité ?

Rappelons les faits. Ce 19 juillet 2016, deux gendarmes s'apprêtent à interpeller le frère d'Adama Traoré, Bagui, mis en cause dans une affaire d'escroquerie sur des femmes handicapées. Or, à ce moment-là, Adama se trouve au même endroit, avec son vélo. Il le lâche immédiatement à l'arrivée de la patrouille et s'enfuit. Or, le code de procédure pénale l'énonce clairement : quand le comportement suspect d'une personne indique qu'elle a peut-être commis une infraction, il est légitime de l'interpeller, afin de contrôler son identité. Les gendarmes se mettent donc à la poursuite du jeune homme. Non pas, comme l'affirme sa sœur, parce qu'il n'avait pas ses papiers sur lui ou qu'il était noir. Mais parce qu'il a décampé à l'instant où il les a vus arriver, jetant et abandonnant brusquement sa bicyclette par terre. Par la suite, on retrouvera sur lui du produit stupéfiant et mille trois cents euros en liquide. N'y aurait-il pas là une explication logique à sa panique ?

Quant aux circonstances précises de sa mort, on ne sait pas encore s'il y a eu « plaquage ventral » : les trois gendarmes incriminés ont-ils pesé de tout leur poids sur le torse du jeune homme ? Plusieurs expertises médicales établissent que l'action des forces de l'ordre n'a pas provoqué ce décès. Ce que la famille réfute avec virulence. Par conséquent, elle décide de faire faire ce que ses avocats appellent une « contre-expertise ». Laquelle rend des conclusions inverses. En réalité, autre mensonge, il s'agit non pas d'une contre-expertise, mais plutôt d'un *avis médical*. Deux choses très différentes. En effet, le pouvoir de mandater des experts ne peut être remis exclusivement qu'entre les mains de l'institution judiciaire. Et en aucun cas entre celles des parties concernées. Car, pour des raisons évidentes d'objectivité, ces spécialistes ne doivent pas établir de lien avec les plaignants ou les mis en cause. Quelles relations les médecins nommés par la famille Traoré ont-ils tissées avec cette dernière ? Ont-ils été rémunérés pour leur travail ? Dans ces conditions, on est en droit de s'interroger sur la partialité de leur avis. Je ne dis pas que ce dernier est mauvais : je n'ai pas à avoir de position sur ce sujet, je ne sais absolument pas ce qui est arrivé ce 19 juillet. Y a-t-il eu faute des forces de l'ordre ? J'attends avec impatience les conclusions de la justice, en affirmant que celle-ci ne peut pas être rendue dans un contexte émotionnel. Les faits, rien que les faits…

Mais si je comprends la douleur d'une famille qui tente de trouver des raisons à l'impensable, car la mort d'un proche l'est toujours, j'observe comment ces mensonges en cascade sont alimentés par tous ceux qui gravitent autour du comité Adama : militants politiques, indigénistes, séparatistes, etc. De contre-vérités en manipulations, ils tissent une toile qui, peu à peu, devient un étendard servant une autre cause : « Regardez, en France, les Noirs souffrent exactement comme aux États-Unis ! » Autrement dit, Adama Traoré et George Floyd, même combat. Avec, érigées en coupables, les forces de l'ordre, dont le supposé racisme systémique n'est en réalité qu'une sorte de slogan publicitaire pour nous vendre autre chose : la haine de la République, considérée comme toujours colonialiste.

Pourtant, il n'est pas possible de comparer les situations française et américaine. De par son passé, notre pays a, par comparaison avec les États-Unis, un rapport différent avec les minorités : si elle n'est pas toujours glorieuse, notre histoire n'est heureusement pas la même. Surtout, nos techniques policières sont très éloignées de celles qui s'exercent outre-Atlantique.

Le policier responsable de la mort de George Floyd a posé son genou sur la nuque de celui-ci, lui coupant les voies respiratoires. Pendant huit longues minutes d'horreur, et alors qu'il était maintenu à terre avec des menottes. Ces gestes sont interdits chez nous : nous sommes autorisés à amener une personne au sol le strict temps nécessaire pour la menotter. Ensuite, il est impératif de la relever ou de la mettre en position assise.

Aux États-Unis, on compte près d'un millier de décès par an consécutifs à des actions de police. En France ? Une dizaine tout au plus (certes, c'est déjà trop) sur les trois millions d'interventions menées par les forces de l'ordre sur la voie publique. Une dizaine de morts, parmi lesquels des terroristes ; ou des mis en cause abattus parce qu'ils étaient eux-mêmes en train de tuer quelqu'un ; ou encore des personnes ayant fait un accident vasculaire, souvent dû à une consommation excessive d'alcool ou de stupéfiants peu avant l'interpellation. Ce nombre serait tellement plus important si nos policiers ou nos gendarmes étaient ces femmes et ces hommes violents que l'on veut bien nous décrire.

Et parce que, justement, ils ne le sont pas, ils ont été scandalisés par l'affaire George Floyd. Et l'ont fait savoir sur les réseaux sociaux. Les relayant d'une seule voix, tous les syndicats ont condamné par voie de presse le choix qui a été fait par ce flic américain, d'un point de vue technique et surtout moral.

Mais ce n'est pas parce qu'Adama Traoré était noir, tout comme l'était George Floyd, que le raccourci entre ces deux drames est possible. Un raccourci cependant bien vite pris par ceux qui, en France, ont pour habitude de pointer du doigt les forces de l'ordre. Ils se sont saisis de l'occasion pour mettre à nouveau de l'huile sur le feu et provoquer des conflits interethniques.

« Vendu ! » jettent des jeunes à un gardien de la paix encadrant la manifestation du 2 juin. Ou à un autre, « Nègre de maison ! » Au motif que ces policiers ont la peau couleur ébène. Sur les réseaux sociaux, je me fais moi-même traiter par un journaliste d'« Arabe de service ». Comme si nos origines devaient automatiquement nous assigner à exécrer les forces de l'ordre et les institutions du pays dans lequel nous sommes nés. Quelle prison de la pensée !

Dans le quartier où j'ai grandi, certains avaient la haine du *lardu*, haine que j'étais censée reprendre à mon compte, du fait de mes origines algériennes, de ma classe sociale, de mon statut de femme, et que sais-je encore… Après ma rencontre avec ce jeune lieutenant qui intervenait dans mon immeuble pour des violences conjugales, j'ai compris que je devais prendre de la distance avec les préjugés. J'ai donc, naturellement et de moi-même, entamé une déconstruction des paradigmes. Ceux qui correspondaient, dans l'esprit de certains, à ma naissance, ma culture, mon milieu.

Le problème des gamins de ces cités, c'est qu'ils ne sont pas dans cette déconstruction. Mais dans l'aliénation. Des idéologues font croire à ces jeunes qu'ils pensent et luttent, alors qu'en réalité ils sont rangés dans une boîte. Et cette boîte leur donne d'office un rôle dicté par leur couleur de peau : pour eux, être arabe ou noir, c'est forcément être abonné à la souffrance, à la répression, au racisme des forces de l'ordre, à celui de la justice, c'est subir des violences, voire « des massacres dans le RER tous les matins ». Où est leur liberté, où est leur choix ? Nulle part.

L'État est largement responsable de cette situation : il n'a trouvé ni les moyens ni le courage de les sortir de la boîte où on les a enfermés. La manifestation du 2 juin 2020 est le symbole de ce fiasco. Un échec abyssal de la politique menée dans les banlieues et qui résulte, non pas de cinq ou de dix, mais de trente ans de lâcheté : terrifiés de devoir assumer un soulèvement dans les banlieues, les politiques de tous bords ne lèvent plus le petit doigt. Sans se rendre compte qu'en réalité ils sont en train de nourrir un feu qui va tous nous brûler un jour. En attendant, les premiers boucs émissaires de cette situation sont les policiers. Qu'ils soient blancs, « vendus » ou « Arabes de service », ils sont accusés de tous les maux de la terre.

Le 11 juin 2020, j'écris donc une tribune pour le magazine *Marianne*, cosignée par une soixantaine de collègues issus de la diversité :

« Nous sommes des femmes et des hommes, noirs, arabes, métis, asiatiques, originaires des DROM-COM, des anciennes colonies, chrétiens, musulmans, juifs, hindous, athées, hétérosexuels, homosexuels, de toutes opinions philosophiques ou politiques... Nous sommes la diversité de la France qu'elle porte dans nos récits familiaux. Nous réaffirmons notre fierté d'appartenir à la nation française, engagés pour secourir et protéger dans ce pays où nous sommes nés, dont nous avons acquis la citoyenneté. [...] Nous ne cachons pas nos origines dans nos services, en revanche nous sommes forcés d'apprendre à nos enfants à cacher la profession de leurs parents... Nous ne dénions pas qu'il y ait des racistes dans la police. Nous savons qu'il en existe, qu'ils nuisent à l'État démocratique, et nous nous en désavouons. Mais la police est à l'image de toutes les couches de la société qu'elle sert. »

Nous ne refusons donc pas de voir la réalité : il y a bien entendu des brebis galeuses parmi nous. Le plus sincèrement du monde, je dis que cette frange est marginale, et qu'elle est de trop. Mais dire que l'ensemble de la police est en permanence coupable de discrimination, ce n'est pas cohérent.

Charge à notre hiérarchie de faire le ménage dans nos rangs. Malheureusement, elle rechigne à le faire. Non qu'elle partage les opinions de ceux qui salissent notre uniforme. Mais parce que c'est une corvée ! Cela nécessite en effet de se saisir de l'affaire en interne, de faire suspendre quelqu'un et donc d'avoir un effectif en moins. Surtout, cela jette l'opprobre sur un service. Notre administration s'est donc enferrée dans une paralysie technocratique sans se rendre compte des conséquences dramatiques que cela pouvait avoir sur la société. Mais lorsque nous sommes soumis à ces accusations de violences, aujourd'hui de racisme, elle se détourne de nous.

Suite à la manifestation du 2 juin et de toutes celles qui ont suivi, le gouvernement aurait pu nous proposer des solutions sur la discrimination à l'embauche, sur la scolarité dans les quartiers, sur la ghettoïsation, etc. Au lieu de cela, le 8 juin, notre ministre de l'Intérieur prend la parole : « Le racisme n'a pas sa place dans la police », nous dit-il. Et il annonce l'interdiction d'un geste technique : la clé d'étranglement.

Celle-ci consiste, pour le policier, à caler le pli de son coude sous le menton d'un individu ; il peut ainsi maîtriser ce dernier en lui bloquant les mouvements de la tête. Une technique d'immobilisation pratiquée dans la lutte, le judo, mais aussi dans le *mixed martial arts* (MMA). Et qui nécessite d'être apprise correctement. Or, le nombre de formateurs dans la police va décroissant d'année en année : un problème urgent que nous ne cessons de soulever auprès de notre administration. Curieusement, l'affaire Adama Traoré, où il est question de décubitus ventral, n'a aucun rapport avec cette clé d'étranglement. En interdisant son utilisation, et dans ce contexte d'accusations de racisme dans la police, Christophe Castaner laisse très maladroitement à penser que, lorsque nous employons cette technique, nous faisons preuve à la fois de violence et de discrimination. Donc supprimons le geste. Et, dans la foulée, ajoutons sur le dos des policiers la menace d'une suspension pour « chaque soupçon avéré d'acte ou de propos raciste ». Concept particulièrement flou…

Ecœurés. Découragés. En colère. Nous nous sentons abandonnés, lâchés face à la meute. C'est la goutte de trop. Le 11 juin, Unité SGP Police appelle tous les collègues à se rassembler devant les commissariats et à déposer à terre leurs menottes. Ils seront des milliers à le faire, à

Toulon, Bobigny, Saint-Étienne, Marseille, Bordeaux, Toulouse, Lille, Nice... Quelques jours plus tard, notre administration fera machine arrière sur la « suspicion avérée de racisme » : un policier a droit à la présomption d'innocence, comme tout un chacun. Et également sur l'interdiction de la clé d'étranglement, tant qu'aucune autre technique ne nous est proposée. Le moins que l'on puisse dire, c'est que le ministre de l'Intérieur a perdu la confiance, si ce n'est des Français, en tout cas des forces de l'ordre.

Comment expliquer une telle fracture ?

Le labo

Voilà dix ans maintenant que je milite dans le syndicalisme, engagée dans ce combat de tout mon être. Mais j'éprouve peu à peu une frustration grandissante. En effet, je me rends compte que nos organisations syndicales sont arrivées à une situation stérile : du fait de méthodes de travail inadaptées, de mauvaises habitudes ou peut-être aussi à cause des vices *syndicrates* qui ont enkysté nos structures, nous ne nous faisons plus assez entendre du ministère de l'Intérieur. Nous n'arrivons plus à renouer le dialogue avec lui, non pas sur les questions revendicatives (management, conditions de travail, formation, etc.) pour lesquelles nous continuons de nous battre. Mais sur les questions d'ordre opérationnel et technique. Depuis Nicolas Sarkozy, lorsqu'il était à l'Intérieur, nous ne sommes plus des voix de référence ni des partenaires de la place Beauvau en ce qui concerne l'expertise de terrain. Estampillés « syndicats », nous ne sommes plus écoutés en la matière.

Exemple : la doctrine du maintien de l'ordre. Pendant les manifestations de toutes sortes, ce « mode d'emploi » permet de régir l'utilisation des forces spécialisées, afin que l'expression sociale se fasse dans de bonnes conditions de sécurité pour les participants ou que la coordination soit optimale en cas de violences dans les cortèges. Autrement dit, il indique comment procéder dans telle ou telle situation, quels effectifs employer, quel matériel mettre en œuvre (gaz lacrymogènes, grenades, engins lanceurs d'eau, etc.) et à quel moment. Pendant la crise des gilets jaunes, la doctrine actuelle a été remise en question par les autorités de la préfecture de police de Paris et du ministère de l'Intérieur. Or, celle-ci est exemplaire. Preuve en est : elle est enseignée dans de nombreux pays. Et s'il est vrai qu'elle a nécessité une certaine mise à jour pour répondre au format des cortèges des gilets jaunes, c'est surtout sa mauvaise application qui a conduit aux défaillances et aux excès dont nous avons été témoins pendant un an.

Un an pendant lequel Unité SGP Police n'a cessé de soumettre des propositions au ministère de l'Intérieur, afin d'adapter cette doctrine à la crise. Mais nous n'avons pas été entendus (ou trop tard), comme je l'ai largement expliqué. Même chose avec nos idées sur la restructuration des services de la Police nationale, la réforme pénale ou le continuum de sécurité. Bref, là où autrefois nos propositions opérationnelles étaient sinon reprises, au moins débattues, elles ne le sont plus. Nous passons l'essentiel de notre temps à lutter pour, non plus obtenir des acquis sociaux (c'est malheureusement presque impossible aujourd'hui), mais tout au moins pour sauvegarder ceux qui restent. Un des grands sujets actuels, c'est le temps de travail, avec notamment les cycles horaires. Un sujet capital sur lequel nous nous investissons depuis des années, afin de poser des digues face au raz de marée de l'administration, qui propose des mesures rétrogrades impactant défavorablement la qualité de vie professionnelle des policiers.

Mais pendant ce temps-là, nous ne faisons pas autre chose.

Alors, à l'été 2019, cela me saute aux yeux : je comprends que, nous syndicats, sommes mis dans des situations telles que nous passons notre vie à devoir « brailler ». Je ne trouve pas d'autre mot. Et pendant que nous réfutons, réclamons, revendiquons (bien entendu à juste titre), le ministère de l'Intérieur s'offre le luxe de se dispenser de notre expertise de terrain. Or, si nous sommes des militants, nous sommes avant tout des policiers. C'est cette double casquette qui est intéressante : nous avons à la fois la connaissance opérationnelle du terrain et des capacités d'analyse, juridique ou technique, acquises du fait de notre engagement syndical. Aujourd'hui, je me sens forte de ces deux compétences.

À l'heure des *think tanks*, j'ai donc décidé de me lancer dans un projet sortant de mon cadre syndical : la création d'un laboratoire d'idées sur les questions de sécurité intérieure en France...

Excepté dans les régimes répressifs, la sécurité ne se conçoit jamais seul dans son coin. Elle se pense globalement, de façon multidisciplinaire. Ce laboratoire d'idées réunira donc des acteurs de la sécurité venant de tous horizons : police nationale, police municipale, sécurité privée, gendarmes, sociologues, géopolitologues, experts de l'antiterrorisme, collectivités territoriales, préfets, magistrats, etc. Il sera indépendant politiquement, transpartisan éventuellement, et en tout cas ne favorisera aucune orientation ou idéologie particulière. Peu importe que ces spécialistes soient de droite ou de gauche, qu'ils partagent ou non les mêmes opinions politiques.

Ce qui comptera, c'est leur excellence dans leur domaine.

Sur la base de la mutualisation de leurs compétences, ce *think tank* réfléchira à une amélioration de la sécurité intérieure, élaborera des idées, fera des publications, organisera des colloques… Il sera un centre de réflexion qui aura vocation à être entendu par un gouvernement de gauche comme de droite.

Dès que naît en moi l'idée de ce projet, je contacte les experts que j'aimerais voir intégrer ce laboratoire. Ils se montrent immédiatement enthousiastes : Bruno Pomart, ancien policier du RAID ; Éric Delbecque, conseil en sécurité intérieure et ancien responsable sûreté de Charlie Hebdo ; Jean-Michel Fauvergue, député, ancien commissaire et patron du RAID ; Frédéric Péchenard, ancien directeur général de la Police nationale. Voici pour les premiers appelés.

D'autres nous rejoindront, progressivement. Le confinement dans lequel la France a été plongée pendant deux mois a ralenti le processus. À suivre, donc…

Oui, à suivre…

À l'heure où je termine ce livre, les policiers sont encore une fois les cibles de la haine. Et un nouveau gouvernement vient d'être nommé. Gérald Darmanin est désormais notre ministre de l'Intérieur. Un politique aguerri. Sans aucune expérience des forces de l'ordre. Déception dans nos rangs : nous aurions eu besoin d'un flic. Toutefois, risquons-nous à être un peu candides... Peut-être parviendra-t-il à préserver la sécurité de la population, plutôt que les lignes budgétaires de Bercy ? Peut-être ne se servira-t-il pas, comme l'ont fait ses prédécesseurs, de son ministère afin de propulser sa carrière ? Peut-être ne sera-t-il pas indifférent à nos alertes et redonnera-t-il les bonnes impulsions pour une police qui fonctionne ?

L'avenir nous le dira. En attendant, gardienne de la révolte, je continuerai à dénoncer les dysfonctionnements lorsqu'ils impactent notre société. Et à lever les préjugés qui se répandent dans les médias ou l'opinion publique. Pour autant, je voudrais préciser ceci : il ne s'agit pas de contrer pour contrer. Cela n'aurait aucun intérêt et cela participerait d'ailleurs à cette *essentialisation* que j'abhorre : je ne veux mettre personne dans des cases. Mais lorsque mes convictions semblent aller dans le sens d'une amélioration des situations, je n'hésite pas à les dire, quand bien même cela ne plaît pas. La vie m'a enseigné que cette ligne de conduite portait ses fruits.

Avant tout, je suis gardienne de la paix. À ma mesure, je veux participer à cet avenir de fraternité que nous tentons de bâtir ensemble. Ma cathédrale, je l'ai choisie : celle de la sécurité intérieure. Être en sécurité dans notre pays, pour l'être au plus intime de nous-même. Se sentir protégé, pour exprimer tout notre potentiel et être acteur d'une société progressiste. Oui, la sécurité dans une république démocratique me paraît être la condition première au respect de nos libertés. Jour après jour, j'apporte ma pierre à ce bel édifice, avec tant d'autres. Nos avis divergent parfois, et heureusement : c'est grâce aux forces contraires que l'ouvrage se construit et, je l'espère, s'élève.

Ma pierre a toutefois une petite particularité. Quelque part sur son flanc court une légère faille. Les fissures de mon histoire dessinent le profil de mon père et de ma mère, elles parlent de la fragilité de l'être humain que je suis. Une fragilité que j'ai mise au service du collectif : sur ma terre, nourrie de quelques larmes versées, ont grandi les germes de l'empathie. Du mieux possible, je l'offre aux bénéficiaires de mon engagement : les policiers. Une façon, peut-être, de tisser du lien avec une autre famille.

Aujourd'hui, je continue ma route, sans plans dans la tête. Peut-être me retrouvera-t-on un jour sur un chemin de traverse, là où l'on ne m'attend pas. Toujours cette même histoire au fond de moi : ne pas se laisser enfermer dans une case...

6 juillet 2020, Paris

Remerciements

À Youki Vattier pour ses précieux et inestimables conseils tout au long de la rédaction de ce livre.

À Ka.R. pour son soutien. Surtout d'y avoir cru plus que moi-même.

À tous ceux qui me permettent, par tous moyens d'expression, de défendre les policiers.

Cet ouvrage a été composé
par PCA
et achevé d'imprimer en France
par CPI FIRMIN-DIDOT (27650 Mesnil-sur-l'Estrée)
pour le compte des Éditions Stock
21, rue du Montparnasse, 75006 Paris
en octobre 2020